성령 체험 새벽예배
9일 예배서

성령 체험 새벽예배 9일 예배서

저자 손창건

초판 1쇄 발행 2025. 11. 6.

발행처 도서출판 브니엘
발행인 권혁선

책임교정 조은경
책임영업 기태훈
책임편집 브니엘 디자인실

등록번호 서울 제2006-50호
등록일자 2006. 9. 11.

서울특별시 송파구 백제고분로28길 25 B101호 (05590)
마케팅부 02)421-3436
편 집 부 02)421-3487
팩시밀리 02)421-3438

ISBN 979-11-93092-50-7 03230

독자의견 02)421-3487
이 메 일 editorkhs@empal.com

북카페주소 cafe.naver.com/penielpub.cafe
인스타그램 @peniel_books

이 책은 저작권법에 따라 보호받는 저작물이므로 무단전제 및 무단복제를 금합니다.
이 책의 전부 또는 일부를 이용하려면 반드시 사전에 저작권자와 도서출판 브니엘의 동의를 받아야 합니다.

도서출판 브니엘은 독자들의 원고를 설레는 마음으로 기다리고 있습니다.
위의 이메일로 간단한 기획 내용 및 원고, 연락처 등을 보내주십시오.

도서출판 브니엘은 갓구운 빵처럼 항상 신선한 책만을 고집합니다.

「 성령님을 깊이 경험하게 만드는 특별 새벽기도회 」

성령 체험 새벽예배
9일 예배서

손창건 | 지음

"이제까지 이 죄인을 기다려주신 하나님 감사합니다!"
하나님과 우리의 중보되신 예수님을 통해 성령님을 깊이 체험하라!

브니엘

※ 성경 본문은 〈개역한글판 성경〉(대한기독교서회, 2003년 발행)을
  사용했습니다.

책을 펴내면서

일상에서 성령님을 깊이 경험하라

▶ 2007년 11월 30일 오전 8시경
▶ 장소 : 구세군한인교회 시드니 벨모어

　성령 체험을 한 그때는 '40일 연말 특별새벽기도회'에서 제가 인도와 설교를 맡은 9일 중 마지막 9일째 아침이었습니다.
　성령 체험 사건을 구체적으로 설명해 드리기 위하여 그날의 몇 주 전으로 거슬러 올라갑니다. 새벽기도회를 앞둔 그날도 저는 평범한 일상을 지내고 있었습니다. 호주 시드니에서 작은 회사를 운영하는 저는 매일 바쁜 일과 속에 있던 그날 오전, 교회의 목회자였던 사관님으로부터 전화를 받았습니다.
　한국에 계시는 사모님의 어머니께서 위중하셔서 가 뵈어야 해서

새벽기도회를 첫 날부터 9일 동안 맡아 달라는 부탁이었습니다. 저는 그때까지 설교 경험이 전혀 없었고, 성경에 대한 지식도 보잘것없는 상태였지만 "네."라고 결단적인 대답을 하는 저에 대해 저 자신이 놀랐습니다.

그러나 왠지 모르게 꼭 해야 한다는 알 수 없는 힘이 저를 북돋아 주었습니다. 그날부터 제 일상은 일과 후 설교 준비하면서 하루 수면시간이 3~4시간에 불과하게 되었습니다. 그런데 이상하게도 설교 9일 치의 제목을 신앙의 여정과 같이 쭉 적어 내려갔습니다.

그 여정을 안내 삼아 매일 설교를 열심히 준비하여 새벽 강단에서 하나님의 말씀을 선포하였습니다. 선포되는 말씀에 저 자신이 은혜를 입어 설교 후에 통성기도와 명상을 하는 시간을 갖곤 했습니다.

그 시기에 교회에 에어컨 공사가 있었기 때문에 저는 회사 업무를 하랴, 교회를 지키랴, 설교 준비하랴 거의 불가능할 거 같은 과중한 업무를 감내하고 있었습니다.

그렇게 은혜 속에 9일의 새벽기도회를 마치고 평상시와 같이 교육관 소파에 누워 잠시 눈을 붙였는데, 그날은 갑자기 예배당에 가서 기도하고 싶은 갈급한 마음이 용솟음쳤습니다. 황급히 예배당으로 달려가 항상 예배 때 제가 앉는 자리에 앉아 머리를 숙여 기도를 시작하자마자 방언이 터져 나왔습니다.

예배당에는 아무도 없었습니다. 큰 소리로 방언을 하는데 스페인어, 독일어, 중국어, 일본어 같은 말을 순서에 따라 방언을 하고 있었고, 그 방언을 저는 들으면서 계속 방언을 하고 있었습니다.

그중에 제가 알아들을 수 있는 말은 스페인어 속에 마리아와 예수님 제자들의 이름이었습니다. 그 밖의 말들은 제가 이해할 수 없는 말들이었습니다.

그 방언 기도를 하는 동안, 제 생각은 "이제까지 이 죄인을 기다려 주신 주님 감사합니다"라는 생각이 들면서 눈물이 하염없이 흘러내렸습니다. 울며 계속 방언 기도를 하였던 시간은 약 1시간 30분쯤이었던 거로 기억됩니다.

그 시간에 저희 집사람이 새벽기도 후 직장 출근하기 전에 교회에 있다가 예배당에서 이상한 소리가 들어와 보니 제가 방언 기도를 하고 있었다고 나중에 말하더군요. 그 사건 이후 저는 그 시점을 기준으로 다른 사람으로 변해 있었습니다.

그동안의 가치관이 완전히 바뀌고 회개의 나날을 보내곤 했습니다. 심지어는 자면서도 회개를 하다가 깨어 일어나 침대 옆에 무릎을 꿇어 기도한 적도 있었습니다. '예수'라는 이름을 들으면 나도 모르게 구속해 주심에 화답하고 회개의 눈물이 흐르곤 했습니다. 그 당시 예배 때마다 늘 눈물을 흘렸기 때문에 티슈를 꼭 가지고 다녔습니다.

또 달라진 것은 평상시 보지 않던 성경 말씀들이 정말로 꿀송이보다 달다는 느낌을 받았다는 것입니다. 성경을 정독으로 통독한 것도 그때가 처음이었습니다. 그 당시 성경을 읽으며 메모한 공책들은 그 뒤 신학 공부할 때와 설교 준비할 때 자주 참고했고 아직도 보관하고 있습니다.

성령 체험으로 실제로 신체적 변화와 마음의 변화도 있었습니다.

성령 체험을 했을 당시에는 거울에 비친 제 눈빛은 깊은 호수 같았습니다. 마치 어린아이의 눈처럼……. 생각에서조차 죄를 짓지 않으려고 죄스러운 생각이 들 때마다 그런 생각이 속히 지나가도록 애쓰게 되었습니다.

제가 경험한 바와 같이 여러분도 이 책에 담긴 내용을 마음에 새기고 예배하며 상고하신다면 성령 체험의 은혜를 받으실 수 있지 않을까 조심스럽게 권고드립니다.

2025년 10월 1일
시드니에서 손창건

C·O·N·T·E·N·T·S
차 례

책을 펴내면서 　　　　　　　　　　　 … 005

Day 1 _ 반석 위에 믿음의 전을 짓자　　 … 011
Day 2 _ 이스라엘의 기도를 들으신 하나님　 … 023
Day 3 _ 가라! 내가 너를 보내노라　　　 … 037
Day 4 _ 하나님은 어떤 분이신가?　　　 … 051
Day 5 _ 봉사와 섬김　　　　　　　　 … 067
Day 6 _ 하나님과 우리의 중보되시는 예수님　 … 081
Day 7 _ 시련과 극복　　　　　　　　 … 095
Day 8 _ 거짓 선지자에 미혹되지 말라　　 … 105
Day 9 _ 영적 승리의 소망　　　　　　 … 123

DAY·1

— 성령 체험 9일 특별새벽기도회 —

01

반석 위에 믿음의 전을 짓자

▶ 찬송가 : 379장 〈주의 말씀 듣고서〉
▶ 말씀 : 역대하 7:1~7:7

1 솔로몬이 기도를 마치매 불이 하늘에서부터 내려와서 그 번제물과 제물들을 사르고 여호와의 영광이 그 전에 가득하니
2 여호와의 영광이 여호와의 전에 가득하므로 제사장이 그 전에 능히 들어가지 못하였고
3 이스라엘 모든 자손은 불이 내리는 것과 여호와의 영광이 전에 있는 것을 보고 박석 깐 땅에 엎드려 경배하며 여호와께 감사하여 가로되 선하시도다 그 인자하심이 영원하도다 하니라
4 이에 왕과 모든 백성이 여호와 앞에 제사를 드리니
5 솔로몬 왕의 드린 제물이 소가 이만 이천이요 양이 십이만이라 이와 같이 왕과 모든 백성이 하나님의 전의 낙성식을 행하니라
6 때에 제사장들은 직분대로 모여 서고 레위 사람도 여호와의 악기를 가지고 섰으니 이 악기는 전에 다윗 왕이 레위 사람으로 여호와를 찬송하려고 만들어서 여호와의 인자하심이 영원함을 감사케 하던 것이라 제사장은 무리 앞에서 나팔을 불고 온 이스라엘은 섰더라
7 솔로몬이 또 여호와의 전 앞뜰 가운데를 거룩히 구별하고 거기서 번제물과 화목제의 기름을 드렸으니 이는 솔로몬의 지은 놋단이 능히 그 번제물과 소제물과 기름을 용납할 수 없음이더라

01

D·A·Y·01
반석 위에 믿음의 전을 짓자

모든 일에는 시작과 끝이 있으며, 또한 시작이 반이라는 말이 있습니다. 이 말의 의미는 잘 아시다시피 시작할 때 기초를 잘 닦으면 그 이후의 모든 과정이 순조로우며 성과도 더 좋아서 기대한 것 이상의 좋은 결과에 도달할 수도 있다는 세상의 이치를 일컫는 말입니다.

오늘 부른 찬송가의 가사를 보니 반석 위에 터 닦고 집을 지으면 비가 오고 홍수가 나며 바람 부딪쳐도 반석 위에 세운 집은 무너지지 않고 모래 위에 터 닦고 집을 지으면 폭풍우가 몰아칠 때 견디지 못한다고 했습니다.

물론 이 말씀은 예수님의 산상수훈 중 한 경고의 말씀입니다만, 우리 성도들의 생애도 이와 다르지 않다고 봅니다. 우리의 믿음 생활에서도 기초와 원칙을 잘 유지해야 시련과 위기가 닥쳤을 때 믿음의 진가는 나타나는 것입니다. 또한 커다란 믿음의 나무로 자라날 수 있는 것입니다.

오늘 40일 특별새벽기도회의 첫날, 여러분은 어떤 마음으로 교회에 나오셨습니까? 습관적으로 새벽기도에 참여하셨나요?

특별새벽기도회로 특별히 생각을 하고 마음을 다졌지만, 오늘은 사관님께서 안 계시다니 기도회가 전과 같지 않겠지, 라고 생각하셨나요?

아니면 이와는 다르게 주위 여건에는 개의치 않고 내가 평소에 기도해도 잘 해결되지 않았던 이러이러한 문제를 이번 기도회에서 응답받기로 굳은 결심을 하고 예배 인도자가 아닌 하나님께서 귀 기울이시도록 생사를 걸고 기도해 보기로 작정하고 나오셨나요?

저는 성도님들께서 후자와 같이 기도의 결실을 보기 위해서 결심을 하고 나오셨으리 믿습니다만, 혹시 전자와 같은 생각이 들었더라면 이제 마음을 바꾸기를 간절히 기원합니다.

오직 십자가를 바라보며 십자가에서 흘리신 예수 그리스도의 보혈의 능력을 굳게 믿는 자로서 "이번 특별새벽기도회에는 정말 하나님과 담판을 지어야지. 기도로 세상이 주지 못하는 기쁨과 세상이 이해하지 못하는 크고 놀라운 축복을 받는 체험을 해 보아야지." 라고 말입니다.

그렇다면 기왕에 하는 기도, 기도를 하되 반석 위에 집을 짓는 것과 같이 40일 동안 쌓아 올릴 기도의 집이 잘 세워질 수 있도록 오늘 이 아침, 튼튼하고 변하지 않는 40일간 생사를 걸고 기도하리라는 결단이라는 반석, 구하면 줄 것이라는 믿음의 반석을 준비하시지 않겠습니까?

옛 솔로몬왕은 그 찬란하고 거대한 하나님의 전을 다윗으로부터 받은 축복의 제물로 하나님께 올리며 하나님께 귀 기울여 주실 것을 본문 바로 앞에 6장 12절로 42절까지 간곡히 기도하고 있습니다.

우선 솔로몬은 그 아비 다윗 왕과 <u>하나님 여호와와의 언약을 하나님 여호와에게 확인하며,</u>

"연하여 내 종 다윗에게 이처럼 말하라. 만군의 여호와께서 이처럼 말씀하시기를 내가 너를 목장 곧 양을 따르는 데서 취하여 내 백성 이스라엘의 주권자를 삼고 네가 어디를 가든지 내가 너와 함께 있어 네 모든 대적을 네 앞에서 멸하였은즉 세상에서 존귀한 자의 이름 같은 이름을 네게 만들어 주리라. 내가 또 내 백성 이스라엘을 위하여 한 곳을 정하여 저희를 심고 저희로 자기 곳에 거하여 다시는 옮기지 않게 하며 악한 유로 전과 같이 저희를 해하지 못하게 하여 전에 내가 사사를 명하여 내 백성 이스라엘을 다스리던 때와 같지 않게 하고 또 네 모든 대적으로 네게 복종하게 하리라. 또 네게 이르노니 여호와가 너를 위하여 집을 세울지라"(대상 17:7-10).

그 언약을 확인한 후, 여호와 하나님의 위대하심을 인정하고, 그 당시로서는 최대의 건축물이었을 솔로몬 대성전을 하나님 앞에 겸손히 드리는 기도가 이어집니다.

"하나님이 참으로 사람과 함께 땅에 거하시리이까 하늘과 하늘들의 하늘이라도 주를 용납지 못하겠거든 하물며 내가 건축한 이 전이오리이까"(The heavens, even the highest heavens, cannot contain you. How much less this temple I have built!)(대상 17:18).

그리고 이어서 이스라엘 민족들의 모든 죄악된 행실과 재앙이나 질병이 임할 때 응답해 주실 것과 또한 마음의 재앙과 고통을 깨닫고 기도하고 간구할 때 용서하여 주시고 저들에게 귀 기울여 주실 것을 기도하고 있습니다. 즉 모든 재앙이나 고통 또한 그 당시 빈번했던 전쟁에서의 패배도 모두 하나님께 지은 죄로 인한 것이었음을 인정하고 있습니다.

또한, 이방인에 대한 기도도 잊지 않고 있습니다.

"주의 백성 이스라엘에 속하지 않은 이방인에게 대하여도 저희가 주의 큰 이름과 능한 손과 펴신 팔을 위하여 먼 지방에서 와서 이 전을 향하여 기도하거든 주는 계신 곳 하늘에서 들으시고 무릇 이방인이 주께 부르짖는 대로 이루사 땅의 만민으로 주의 이름을 알고 주의 백성 이스라엘처럼 경외하게 하옵시며 또 내가 건축한 이 전을 주의 이름으로 일컫는 줄을 알게 하옵소서"(대상 17:32-33).

하면서 <u>간구하기를</u>,

"주는 계신 곳 하늘에서 저희의 기도와 간구를 들으시고 저희의 일을 돌아 보옵시며 주께 득죄한 주의 백성을 용서하시옵소서. 나의 하나님이여 이제 이 곳에서 하는 <u>기도에 눈을 드시고 귀를 기울이소서</u>"(대상 17:39-40).

또한 기도하기를,

"여호와 하나님이여 원컨대 주의 제사장으로 구원을 입게 하시고 또 주의 성도로 은혜를 기뻐하게 하옵소서"(대상 17:41).

<u>제사장으로 하여금 주의 구원의 은총</u>을 받게 해 달라고 기도하며, 또한 <u>주를 믿는 성도들에게 은혜를 내려주시사</u> 그 성도들로 하여금 그 은혜를 입고 살게 하여 달라고 기도하고 있습니다. 그리고 마지막으로 주의 기름 부음을 받은 자 즉, 솔로몬이라기 보다는 <u>민족과 국가를 이끄는 통치자의 축복</u>을 기도하고 있습니다.

이러한 솔로몬의 기도를 순서대로 요약해 보니 우리가 드리는 기도의 순서가 되는 것 같습니다.

첫째, 하나님과 우리 사이에 있는 언약을 확인해야 합니다. 우리 자신이 여호와 하나님께 약속한 것이 있습니까? 아니면 여호와 하나님께서 보여주신 약속, 비전이 가슴 속에 있습니까? 그 확인을 하는 과정입니다.

둘째, 전능하신 하나님을 인정해야 합니다. 그 위대하심과 영광을 높여드려야 합니다. 우주를 창조하시고 통치하고 계신 분을 우리는 하나님 주 여호와라고 부르는 것입니다.

셋째, 주 앞에 우리의 연약하고 작고 부족함을 인정해야 합니다. 모든 것을 하나님께 맡기는 지혜가 필요합니다.

넷째, 하나님의 말씀에 어긋난 우리의 행위에 대하여 회개해야 합니다. 잘못을 깨닫고 회개한 후에 자신에 대한 간구의 기도를 해야 합니다.

다섯째, 타인을 위한 기도를 해야 합니다. 왜 중보기도가 중요한가요? 타인의 평안을 빌어주는 것은 크리스천의 모습입니다. 그 타인이 원수라 할지라도 평안을 빌어주는 것입니다. 그 기도가 전달되지 않을 때, 이 기도의 내용은 나에게로 보답 되는 것입니다.

여섯째, 제사장으로 하여금 주의 은총을 받게 해 달라고 기도합니다.

우리의 영적 인도자, 하나님 말씀의 메신저인 제사장 직분의 분들을 위하여 기도해야 합니다.
　일곱 번째, 마지막으로 국가 지도자에 대한 축복 기도도 해야 합니다. 나라의 지도자가 하나님의 말씀에 순종하여 치리하도록 기도하는 것입니다. 그것이 곧 한 국가의 평강을 좌우하며 하나님께서 은총을 베푸시는 조건이기 때문입니다.

　이와 같이 솔로몬은 모든 기도를 정성껏 드렸습니다. 그 기도가 끝난 후 오늘 봉독한 본문과 같이 하나님의 영광이 전에 가득하였고 솔로몬이 드린 제물은 소가 이만 이천이요 양이 십이만이었다고 했습니다. 제사장들은 직분대로 모여 섰고 레위 사람들이 다윗왕이 준비해 준 여호와를 찬송하기 위한 악기들로 찬송하였습니다. 그 앞에는 온 이스라엘이 섰으며 드리는 곡식과 소제물과 기름이 너무 많아서 솔로몬이 미리 준비해 둔 놋 제단에 놓을 수 없었다고 기록하고 있습니다.
　오늘 이 자리에 40일 특별새벽기도회에 참석하신 성도님들께서도 솔로몬왕이 준비했던 최선의 제물처럼 우리 마음을 정돈하고 솔로몬의 기도처럼 여호와의 그 위대하심을 찬양하고 일상에서 부지불식간에 저지르는 죄악 된 모든 행위를 철저히 회개함으로써 하나님께 올릴 기도 제목을 준비하고, 응답받을 수 있어야겠습니다.
　그리고 오늘부터 기도로 건축해 나갈 우리 각자의 주님의 전이

40일 동안 잘 건축되어 하나님께서 솔로몬이 세운 하나님의 전에 영광을 보여주신 것처럼, 이번 40일 특별새벽기도회에서 하나님의 크나큰 영광과 은혜를 체험하게 되시기를 간절히 축원 드립니다.

기도드리시겠습니다.

"오 전능하신 하나님이시여. 솔로몬의 영광도 하나님께 드리기에 부족하였는데 우리 마음의 중심을 중히 여기시는 주여. 보잘것없는 우리의 작은 정성을 받아 주시옵소서. 오늘부터 40일간 새벽기도로 주님의 위대하심과 영광을 높여 찬양하고 기도하기를 원하오니, 받아 주시옵소서. 저희의 무지와 죄악된 행위를 용서하옵시고 우리의 허물을 감추시며 우리가 서로 변론하는 사랑의 형제로 뜨겁게 사랑하게 하올 적에 이 전에 임재하시어 우리의 간구와 기도에 귀 기울여 주시옵소서. 예수님 이름으로 간절히 기도드렸사옵나이다. 아멘."

주기도문으로 예배를 마치겠습니다.

"하늘에 계신 우리 아버지여 이름이 거룩히 여김을 받으시오며 나라에 임하시며 뜻이 하늘에서 이룬 것같이 땅에서도 이루어지이다. 오늘날 우리에게 일용할 양식을 주옵시고, 우리가 우리에게 죄지은 자를 사하여 준 것같이 우리의 죄를 사하여 주옵시고, 우리를 시험에 들게 하지 마옵시고, 다만 악에서 구하옵소서. 대개 나라와 권세와 영광이 하나님께 영원히 있사옵나이다. 아멘."

이어서 기도하실 적에 하나님을 찬양하시고 우리의 죄를 회개한 후 국가 지도자를 위한 기도와 목회자를 위한 기도, 그리고 다른 사람들을 위한 기도, 그다음에 개인 간구를 하시기 바랍니다.

D·A·Y·2

— 성령 체험 9일 특별새벽기도회 —

02

이스라엘의 기도를 들으신 하나님

02

▶ 찬송가 : 363장 〈내 모든 시험 무거운 짐을〉
▶ 말씀 : 출애굽기 2:23~25

23 여러 해 후에 애굽 왕은 죽었고 이스라엘 자손은 고된 노동으로 말미암아 탄식하며 부르짖으니 그 고된 노동으로 말미암아 부르짖는 소리가 하나님께 상달된지라
24 하나님이 그들의 고통 소리를 들으시고 하나님이 아브라함과 이삭과 야곱에게 세운 그의 언약을 기억하사
25 하나님이 이스라엘 자손을 돌보셨고 하나님이 그들을 기억하셨더라

02

D·A·Y·02

이스라엘의 기도를 들으신 하나님

묵도하심으로 40일 특별새벽기도회 둘째 날 예배를 시작하겠습니다.

"여호와의 말씀에 가련한 자의 눌림과 궁핍한 자의 탄식을 인하여 내가 이제 일어나 저를 원하는 안전 지대에 두리라 하시도다"(시 12:5).

"하나님 아버지. 오늘도 우리에게 특별한 하루를 시작하게 하여 주시니 감사드립니다. 어제 새벽은 저희 40일 특별새벽기도회의 첫 날로 앞으로 40일간 새벽을 깨우며 하나님께 우리의 기도를 간절히 드리고자 다짐한 날이었습니다. 오늘도 저희 모두에게 하나님의 귀한 말씀을 사모하는 귀한 시간이 되도록 성령이여 도와주시옵소서.

예수님의 이름으로 기도드렸사옵나이다. 아멘."

Because of the oppression of the weak and the groaning of the needy, I will now arise, says the LORD, "I will protect them from those who malign them."(*malign 머라인 : 헐뜯다, 중상하다, 해가 되는 것.)(시편 12:5).

"여러 해 후에 애굽왕이 죽었고 이스라엘 자손은 고역으로 인하여 탄식하며 부르짖으니 그 고역으로 인하여 부르짖는 소리가 하나님께 상달한지라. 하나님이 그 고통 소리를 들으시고 아브라함과 이삭과 야곱에게 세운 그 언약을 기억하사 이스라엘 자손을 권념하셨더라"(So God looked on the Israelites and was concerned about them)(출 2:23-25).

이런 고통의 시대 약 300년 전에는 이스라엘 민족의 조상 야곱의 아들 요셉이 총리로 있었으며 이스라엘 민족들은 애굽 땅으로 요셉의 보호와 하나님의 축복 속에 이주하여 정착하여 살았는데 요셉이 총리로 있던 시절 요셉의 위용을 요셉의 아비 야곱이 죽었을 때 장사하는 과정을 묘사한 성경에서 엿볼 수 있습니다.

"그(요셉) 수종 의사에게 명하여 향 재료로 아비의 몸에 넣게 하매 의사가 이스라엘(야곱)에게 그대로 하되 사십일이 걸렸으니 향 재료를 넣는 데는 이 날수가 걸림이며 애굽 사람들은 칠십 일 동안 그를 위하여 곡하였더라. …요셉이 자기 아비를 장사하러 올라가니 바로의 모든 신하와 바로 궁의 장로들과 애굽 땅의 모든 장로와 …병거와 기병이 요셉을 따라 올라가니 그 떼가 심히 컸더라"(창 50:2-3,7,9)

※ 야곱을 장사한 곳 : 가나안 땅 마므레 앞 막벨라 밭 굴
"이는 아브라함이 헷 족속 에브론에게 밭과 함께 사서 소유 매장지를 삼은 곳이더라"(창 50:13).

이렇듯 요셉이 총리로 있어 풍요롭고 안전하게 생활하던 이스라엘 민족에게 어려움이 닥칩니다. 요셉이 죽고 세월이 흐르니 애굽은 요셉을 알지 못하는 왕이 다스리는 시대가 되었습니다.

한편, 이스라엘 민족은 그 자손이 날로 불어나고 창성하며 심히 강대하여 온 땅에 가득하여 급기야는 애굽 민족보다 많게 되니 이 애굽의 새로운 왕은 이스라엘의 강대해짐을 막기 위하여, 아니 이스라엘 민족을 멸절하고자 중노동과 고역의 짐을 이스라엘 민족에게 지게 하며 간교한 계책까지 펼치게 됩니다. 그 실상을 성경은 출애굽기 1장 14절 이하에 이와 같이 기록하고 있습니다.

"고역으로 그들의 생활을 괴롭게 하니 곧 흙 이기기와 벽돌 굽기와

농사의 여러 가지 일이라 그 시키는 역사가 다 험하였더라"(출 1:14). ※ Egyptians used them ruthlessly. 무자비하게 일을 시켰었다.

더불어 이렇게 기록하고 있습니다.

"애굽 왕이 히브리 산파 십브라라 하는 자와 부아라 하는 자에게 일러 가로되 너희는 히브리 여인을 위하여 조산할 때에 살펴서 남자여든 죽이고 여자여든 그는 살게 두라"(출 1:15-16).

이 일은 하나님을 경외하는 산파들의 믿음으로 인하여 성사되지 않았고, 모세가 탄생하게 되지만 아무튼 이스라엘 민족은 애굽으로 이주한 이래로 최대의 위기에 처하게 되었습니다. 생활은 더 이상 풍요롭고 편안하지 않았습니다. 하루하루가 힘든 노동에 시달리며 애굽의 살인적인 횡포로 두려움에 살고 있었습니다.

그들의 보호막이었던 요셉과 같은 사람을 더 이상 기대할 수 없는 암흑의 시대가 찾아왔습니다. 아마도 그 당시의 이스라엘 민족들은 "아침에 눈 뜨기가 싫다."라는 생각을 할 정도가 아니었을까요?

그러나 이스라엘 민족은 그대로 주저앉지 않았습니다. 그대로 파멸되지 않았습니다. 그들에게 요셉이라는 보호막이 걷히자, 애굽에 얽매여 역사적인 인생 나그네로 지내던 이스라엘 민족은 오늘 봉독한 본문에서처럼 "탄식하고 부르짖어" 하나님에게 어려움을 알렸던 것입니다.

본문을 자세히 보니 누가 대신 알려준 것이 아닙니다. 그들 자신이 바로 하나님께 긴급히 구원을 간구하고 있는 것입니다.

"하나님이 그들의 고통 소리를 들으시고 하나님이 아브라함과 이삭과 야곱에게 세운 그의 언약을 기억하사"(출 2:24).

그 언약이란 무엇입니까?

"내가 이 땅을 애굽 강에서부터 그 큰 강 유브라데까지 네 자손에게 주노니…"(창 15:18).

이 언약을 기억하사 이스라엘 자손을 굽어 살펴보시고 모세를 보내어 이 환란에서 이끌어 내시게 되었던 것입니다.

오늘 우리들이 이 이스라엘 민족처럼 어려운 상황에 있는 것은 아닙니까? 조국을 떠나 머나먼 이국에 와서 정착하고 살고자 하지만 우리를 둘러싼 환경으로 인하여 육신적으로 지치고 마음에 상처를 입고 우리들을 둘러싼 환경 여건 때문에 당연히 누려야 할 권리를 제대로 누리지 못하고 있지는 않은지요?

그리고 우리의 악한 조건들 때문에 영적으로 우리를 넘어뜨리려는 나쁜 영들의 공격으로 우리가 굳게 지켜야 하는 내 안에 성령을 지키려는 의지가 약해져 가고 있지는 않습니까? 나쁜 영의 유혹을 뿌리치지 못하고 시험에 들고 있지는 않습니까?

견디기 힘들고 자신만의 힘으로는 헤쳐나갈 수 없을 것 같은 시련과 한 치 앞도 예측할 수 없는 불투명한 미래로 인하여 더 이상 전진할 수 없을 정도로 의욕이 꺾이지는 않았는지요?

이럴 때 우리는 우리의 영원한 구원자이신 예수 그리스도의 보혈의 능력에 힘입어 하나님께 부르짖어 기도드려야 합니다. 하나님께서는 약속을 지키시는 분입니다.

누가복음 11장 9~13절에 보니까 예수님께서 제자들에게 기도하는 것을 가르치시며 아래와 같이 기도에 대한 응답의 약속을 하고 계십니다.

"내가 또 너희에게 이르노니 구하라, 그러면 너희에게 주실 것이요. 찾으라, 그러면 찾을 것이요. 문을 두드리라, 그러면 너희에게 열릴 것이니 구하는 이마다 받을 것이요. 찾는 이가 찾을 것이요. 두드리는 이에게 열릴 것이니라"(눅 11:9-10).

이어서 비유로 말씀하시되

"너희 중에 아비 된 자 누가 아들이 생선을 달라 하면 생선 대신에 뱀을 주며 알을 달라 하면 전갈을 주겠느냐. 너희가 악할지라도 좋은 것을 자식에게 줄줄 알거든 하물며 너희 천부께서 구하는 자에게 성령을 주시지 않겠느냐 하시니라"(눅 11:11-13).

이 말은 무슨 말입니까? 하나님께서는 기도에 대하여 응답해 주시고 그것도 좋은 것으로 선별하여 주신다고 약속하고 계십니다.

하나님께서 약속하신 것을 내어놓고 하나님께 요구하십시오. 하나님께서 하신 약속을 이행하시라고 말입니다. 단지 우리가 할 일은 구하는 것입니다. 두드리는 것입니다. 달라고 조르는 것입니다.

성도 여러분. 우리 자신이 하나님께 기도드릴 때 애굽에서 압박을 받으며 생명의 위협을 느낄 때 긴급하게 울부짖었던 기도와 같이 드리고 있는지 돌아봅시다. 그렇지 않았다면 그 기도는 하늘 보좌에 올라가기 전에 내 기도보다 더 바쁜 기도가 하나님께 상달되지 않을까요?

오늘 부른 찬송가 363장의 작사 작곡자인 호프만 목사는 이 찬송을 짓게 된 배경을 다음과 같이 이야기하고 있습니다.

내가 펜실베이니아의 레바논에서 목회를 하고 있을 때였다.
교구에 한 가련한 여인이 살고 있었다. 어느 날 그 여인의 집을 방문했을 때 나는 그녀가 너무나도 큰 절망 가운데 빠져 있는 것을 알게 되었다. 그녀는 고통스럽게 "목사님, 저는 도대체 어찌해야 합니까?"라고 내게 소리쳤다.

나는 성령의 여러 말씀으로 그녀를 위로한 후 "자매님의 모든 슬픔은 예수께 다 고하는 수밖에 없습니다. 주저 말고 예수께 다 고하십시오."라고 말해 주었다.

그러자 그녀는 한동안 깊은 생각에 잠기는 듯하더니 이윽고 눈빛을 번쩍이며 "맞아요. 제 모든 사정과 슬픔을 주님께 다 아뢰겠습니다."라고 큰소리로 대답했다. 그녀의 얼굴이 환한 기쁨으로 가득 찼다.

내가 교회로 돌아오는 도중 내 머릿속에서는 "모두 주께 아뢰어라. 모두 주께 고하여라."라는 말이 내내 맴돌고 있었다.

호프만 목사는 집에 도착하자마자 펜을 들어 떠오르는 시어들을 정리해 찬송시를 지었습니다. 또한 얼마 후 시에 자신이 직접 곡을 붙여 이 찬송을 완성했습니다. 그렇습니다. 하나님께서는 성령으로 가련한 한 여인이 어려움을 극복하도록 하시었으며 이 한 여인을 통하여 후대에 걸쳐 만인에게 중요한 메시지를 전달하셨던 것입니다.

(이 찬송은 1894년 『오순절 찬송가』에 처음 소개되었으며, 이듬해에 그가 친히 발간한 『기독교면려회찬송가』에 수록되어 널리 불리게 되었다.)

그렇습니다. 하나님은 전지전능하십니다.
구하십시오! 찾으십시오! 하나님의 축복 창고의 문을 두드리십시오! 그리하여 구하는 이마다 받을 것이요 찾는 이가 찾을 것이요 두드리는 이에게 열릴 것이니라는 주님의 약속처럼 이미 준비해 두신 주님의 은혜를 받아 누리는 저와 여러분이 되시기를 바랍니다.

갈 길 몰라 헤매고 있습니까? 하나님께 갈 길을 물으십시오.

부족한 것이 있습니까? 하나님께 달라고 하십시오.

어려운 문제에 봉착했습니까? 하나님께 문제해결의 열쇠를 내 손에 쥐어 달라고 조르십시오.

세상적으로 불가능한 일입니까? 죽은 자 가운데서 부활하신 예수님의 능력에 힘입어 하늘의 크고 놀라운 은혜로 기적을 달라고 울며 매달리십시오.

기도드리시겠습니다.

"하나님 아버지. 오늘도 주님의 귀한 말씀을 주시니 감사합니다. 오늘 하루도 저희 모두가 주 예수 그리스도의 보혈의 능력을 굳게 믿는 자로서 세상에 담대히 나아갈 적에 '구하는 이마다 받을 것이요 찾는 이가 찾을 것이요 두드리는 이에게 열릴 것이라' 는 주님의 약속대로 주님께 간구할 적에 주님의 은혜를 내리어 주시옵소서. 저희를 굽어 살펴 주시옵소서. 예수님의 이름으로 기도드렸사옵나이다. 아멘."

주기도문으로 예배를 마치고, 이어서 자유롭게 기도하는 시간을 갖도록 하겠습니다.

"하늘에 계신 우리 아버지여 이름이 거룩히 여김을 받으시오며 나라에 임하시며 뜻이 하늘에서 이룬 것같이 땅에서도 이루어지이다. 오늘날 우리에게 일용할 양식을 주옵시고, 우리가 우리에게 죄 지은 자를 사하여 준 것같이 우리의 죄를 사하여 주옵시고, 우리를 시험에 들게 하지 마옵시고, 다만 악에서 구하옵소서. 대개 나라와 권세와 영광이 하나님께 영원히 있사옵나이다. 아멘."

이어서 기도하실 적에 하나님을 찬양하시고 우리의 죄를 회개한 후 국가 지도자를 위한 기도와 목회자를 위한 기도, 그리고 다른 사람들을 위한 기도 그다음에 개인 간구를 하시기 바랍니다.

"내가 또 너희에게 이르노니 구하라 그러면 너희에게 주실 것이요 찾으라 그러면 찾을 것이요 문을 두드리라 그러면 너희에게 열릴 것이니 구하는 이마다 받을 것이요 찾는 이가 찾을 것이요 두드리는 이에게 열릴 것이니라"(눅 11:9-10).

D·A·Y·3

— 성령 체험 9일 특별새벽기도회 —

03

가라!
내가 너를 보내노라

▶ 찬송가 : 256장 〈복음성가_순례자의 노래(Pilgrim's Song)〉
▶ 말씀 : 마태복음 10:5~15

5 예수께서 이 열둘을 내보내시며 명하여 이르시되 이방인의 길로도 가지 말고 사마리아인의 고을에도 들어가지 말고
6 오히려 이스라엘 집의 잃어버린 양에게로 가라
7 가면서 전파하여 말하되 천국이 가까이 왔다 하고
8 병든 자를 고치며 죽은 자를 살리며 나병환자를 깨끗하게 하며 귀신을 쫓아내되 너희가 거저 받았으니 거저 주라
9 너희 전대에 금이나 은이나 동을 가지지 말고
10 여행을 위하여 배낭이나 두 벌 옷이나 신이나 지팡이를 가지지 말라 이는 일꾼이 자기의 먹을 것 받는 것이 마땅함이라
11 어떤 성이나 마을에 들어가든지 그 중에 합당한 자를 찾아내어 너희가 떠나기까지 거기서 머물라
12 또 그 집에 들어가면서 평안하기를 빌라
13 그 집이 이에 합당하면 너희 빈 평안이 거기 임할 것이요 만일 합당하지 아니하면 그 평안이 너희에게 돌아올 것이니라
14 누구든지 너희를 영접하지도 아니하고 너희 말을 듣지도 아니하거든 그 집이나 성에서 나가 너희 발의 먼지를 떨어 버리라
15 내가 진실로 너희에게 이르노니 심판 날에 소돔과 고모라 땅이 그 성보다 견디기 쉬우리라

03

D·A·Y·03

가라! 내가 너를 보내노라

묵도하심으로 40일 특별새벽기도회 셋째 날 예배를 시작하겠습니다.

"그러므로 염려하여 이르기를 무엇을 먹을까 무엇을 마실까 무엇을 입을까 하지 말라. 이는 다 이방인들이 구하는 것이라. 너의 천부께서 이 모든 것이 너희에게 있어야 할 줄을 아시느니라"(마 6:31-32).

하나님 아버지. 오늘은 40일 새벽 특별 기도회의 세 번째 아침입니다. 어제도 성령님께서 역사하시어서 저희에게 "구하고, 찾고, 두드리라는" 주님의 음성을 들려주셔서 감사합니다.

오늘도 여기에 모인 우리들이 성령님의 인도하심 따라 오직 십자가를 바라보게 하시고 십자가에 못 박혀 죽으시기까지 우리를 사랑하시고 우리가 천국의 순례자가 되기를 바라시는 예수님의 음성을 듣게 하여 주시옵소서. 예수님의 이름으로 기도드렸사옵나이다. 아멘.

오늘 성경 말씀은 마태복음 10장 5~15절까지입니다.

"예수께서 이 열둘을 내어 보내시며 명하여 가라사대 이방인의 길로도 가지 말고 사마리아인의 고을에도 들어가지 말고 차라리 이스라엘 집의 잃어버린 양에게로 가라. 가면서 전파하여 말하되 천국이 가까이 왔다 하고 병든 자를 고치며 죽은 자를 살리며 문둥이를 깨끗하게 하며 귀신을 쫓아내되 너희가 거저 받았으니 거저 주어라. 너희 전대에 금이나 은이나 동이나 가지지 말고 여행을 위하여 주머니나 두 벌 옷이나 신이나 지팡이를 가지지 말라. 이는 일꾼이 저 먹을 것 받는 것이 마땅함이니라. 아무 성이나 촌에 들어가든지 그중에 합당한 자를 찾아내어 너희 떠나기까지 거기서 머물라. 또 그 집에 들어가면서 평안하기를 빌라. 그 집이 이에 합당하면 너희 빈 평안이 거기 임할 것이요. 만일 합당치 아니하면 그 평안이 너희에게 돌아올 것이니라. 누구든지 너희를 영접하지도 아니하고 너희 말을 듣지도 아니하거든 그 집이나 성에서 나가 너희 발의 먼지를 떨어 버리라. 내가 진실로 너희에게 이르노니 심판 날에 소돔과 고모라 땅이 그 성보다 견디기 쉬우리라."

인생은 너나 할 것 없이 여러 가지 일들을 겪으며 살아가게 마련입니다. 인생은 오늘은 이곳에서 이런 일을 겪고, 내일은 저곳에서 저런 일을 겪으며 지내는 나그네의 길 같다고도 합니다. 우리 크리스천들도 남들과 다름없이 인생 여정을 가야 하고 또한 인생의 종점이 있습니다.

특히 우리와 같이 조국과 친지를 떠나 이국땅에서 생활하는 것은 많은 점에서 길을 떠난 나그네와 비슷하다고 생각합니다. 우선 언어 소통이 원활하지 않다 보니 간단한 문제 하나 해결하는데도 시간과 에너지를 낭비하기 십상이고 문화적인 차이 때문에 오해가 생겨 정말 생각지도 않은 곤란한 경우에 처하기도 합니다.

또한 한국에서 받은 교육과 경력, 애써 취득한 여러 가지 자격증이 무용지물이 되기도 합니다.

예를 들면 한국에서 아무리 오래 운전을 한 사람이더라도 호주에 오면 호주 운전면허증을 취득해야 하는데 그 과정에 드는 시간과 노력, 물질을 생각하면 '내가 호주에 뭐 하러 와서 이런 헛고생을 하나?' 하고 한 두 번쯤은 생각해 보셨을 겁니다.

짧게는 몇 년에서 길게는 몇십 년 동안 쌓은 인맥과 경력 등이 너무 아까울 적도 있었을 겁니다. 또 최근에는 한국과 호주의 주택 가격의 격차가 커져서 한국에 살던 집을 팔고 온 이민자들은 한국에 가서 기가 죽어 돌아와서는 "이제 한국에 못 돌아가겠어."라고 푸념하기도 합니다.

이러한 일들이 알게 모르게 개인의 일상생활에 영향을 주고 개인의 사고에도 영향을 주게 되는데 이런 일로 인하여 개인적으로는 회의감에 빠지기도 하고 이런 개인적인 불만족감이 사회적인 문제를 일으키기도 하고 가족적으로도 불화의 씨앗이 되기도 하는 것입니다.

왜 이런 일들이 일어납니까? 우리 크리스천들이 보는 시각이 세상을 향했기 때문입니다. 세상적인 기준에서 자기 자신을 바라보고 세상적인 기준으로 우리의 자녀를 저울질하고 세상적인 기준으로 남편과 아내를 잣대질하기 때문이 아닐까요?

이 말을 크리스천적인 질문으로 바꾸어 봅시다.

하나님은 나를 어떻게 보고 계실까? 하나님은 내 아들을, 내 딸을 어떻다고 하실까? 그리고 내 남편 또는 내 아내를 하나님께서 어떻다고 하실까?

또 다른 말로 질문을 바꾸어 봅니다.

하나님은 나를 누구라고 생각하고 계실까? 아니면 하나님은 나를 왜 이 세상에 태어나게 하셨을까?

크리스천이라면 이 질문에 당당하게 하나님의 자녀요, 천국 시민이며, 그리스도의 종이요, 복음의 일꾼이라고 자신 있게 대답해야 합니다.

그러면 나는 어디로 가고 있는 걸까요?

우리가 주 예수를 믿는 크리스천이라면 천국 시민으로서, 지금 천국을 향해 가고 있는 것입니다.

시편 90편 4절에 보니 주의 목전에는 천년이 지나간 어제 같으며 밤의 한 경점 같을 뿐이라고 고백하고 있습니다(For a thousand years in your sight are like a day that has just gone by, or like a watch in the night).

이처럼 짧디짧은 우리의 순간적인 순례의 여정을 마치고 영원불멸의 천국으로 가고 있는 것입니다.

호주나 한국의 공항에 입국 심사를 하는 곳에 가면 외국인과 내국인의 통로가 다르게 되어있는 것을 볼 수 있습니다.

이와 마찬가지로 우리가 하늘나라 천국에 들어갈 때 우리는 천국 시민 패스포트를 받은 자로써 천국에 들어가 하나님의 영광을 보며 The King's Highway 그 거룩한 길을 다니게 될 것입니다.

이 The King's Highway란 '황무지가 장미꽃같이'에 나오는 가사입니다. 이사야 35장에서 그리스도의 왕국을 묘사한 'The Way of Holiness'인데 작사자가 의역을 한 것 같습니다.

그렇습니다. 분명히 우리는 천국 시민으로서 현재 우리는 천국 순례자로 이 땅에 온 것입니다. 이 세상은 그 여정인 것입니다.

그러면 천국 시민으로서 천국을 향해가는 천국 순례자로서 우리는 이 세상을 어떻게 살아야 할까요? 당연히 하나님의 영광을 위하여 하나님께서 기뻐하시는 삶을 사는 것입니다.

오늘 본문에 보니 "가면서 전파하여 말하되 천국이 가까왔다 하고"(마 10:7), 즉 우리는 순례자로서 하나님의 복음을 알려야 하는 선교자가 되어야 한다는 말입니다. 예수님은 우리의 죄를 사하시려는 하나님의 사랑을 확증하기 위하여 대속제물로 희생을 감당하신 분이라고 복음 전파는 예수님이 제자들에게 아니 우리에게 내렸던 지상 최대의 명령입니다. 마태복음 28장 18~20절까지에 예수님께서 부활하시어 제자들에게 내리시는 선교 사명이 있습니다.

"예수께서 나아와 일러 가라사대 하늘과 땅의 모든 권세를 내게 주셨으니 그러므로 너희는 가서 모든 족속으로 제자를 삼아 아버지와 아들과 성령의 이름으로 세례를 주고 내가 너희에게 분부한 모든 것을 가르쳐 지키게 하라. 볼지어다. 내가 세상 끝날까지 너희와 항상 함께 있으리라 하시니라"(Surely I am with you always, to the very end of the age)(마 28:18-20).

그리고 "병든 자를 고치며 죽은 자를 살리며 문둥이를 깨끗하게 하며 귀신을 쫓아내되 너희가 거저 받았으니 거저 주어라"(마 10:8)라고 말하고 있습니다.

무슨 말입니까? 하나님으로부터 받은 은혜와 은사들을 나누어 주라는 말 아닙니까? 받은 축복을 나누어 줍시다. 우리가 받은 축복은 누구와 비교할 필요가 없습니다. 그저 나누어 주면 됩니다. 그러면 더욱 풍성히 받게 됩니다.

"주라, 그리하면 너희에게 줄 것이니 곧 후히 되어 누르고 흔들어 넘치도록 하며 너희에게 안기어 주리라"(눅 6:8).

그리고 이어서,

"너희 전대에 금이나 은이나 동이나 가지지 말고 여행을 위하여 주머니나 두 벌 옷이나 신이나 지팡이를 가지지 말라 이는 일꾼이 저 먹을 것 받는 것이 마땅함이니라"(마 10:9-10).

천국 순례자의 올바른 복장과 장비는 간편한 것입니다. 물질을 주렁주렁 끌고 다니지 말고 여분의 옷이나 신이나 지팡이를 준비하지 말라는 말씀은 내일 일을 걱정하지 말라는 말씀 아닌가요?
10절에는 일꾼은 일을 하면, 먹을 것을 받게 된다는 말인데, 여기서 일꾼은 세상의 일꾼이 아니라 하나님 사업의 일꾼을 말씀하고 있는 것입니다.
천국의 순례자로 하나님의 명을 좇아 복음을 전하고 우리가 받은 은사와 축복을 나누어 주는 것이 하나님을 기쁘시게 하는 일이기 때문에 당연히 우리에게 필요한 것을 채워 주신다는 말씀입니다.

이 말은 재물을 탐하지 말라는 말씀이기도 합니다. "공중의 새를 보라. 심지도 않고 거두지도 않고 창고에 모아들이지도 아니하되 너희 천부께서 기르시나니 너희는 이것들보다 귀하지 아니하냐?"라고 하나님께서는 반문하고 계십니다.

우리의 보물을 땅에 묻어두지 말고 하늘나라에 쌓아가는 지혜로운 천국 순례자가 됩시다.

그리고 11절에 보니 "아무 성이나 촌에 들어가든지 그 중에 합당한 자를 찾아 내어 너희 떠나기까지 거기서 머물라"고 했는데, 영어 성경을 보니 이 합당한 자는 인격이 훌륭한 사람(a worthy person) 이라는 뜻입니다. 또는 우리 천국 순례자와 어울리는 사람의 집에 머물라, 또는 같이 어울리라는 말인 것입니다.

> "또 그 집에 들어가면서 평안하기를 빌라. 그 집이 이에 합당하면 너희 빈 평안이 거기 임할 것이요. 만일 합당치 아니하면 그 평안이 너희에게 돌아올 것이니라"(마 10:12-13).

우리는 천국 순례자로서 평안을 빌어 주어야 합니다. 그러면 그 평안을 받을 만한 집이라면 평안이 그곳에 머물 것이고, 그렇지 않다면 우리가 빌어준 평안이 우리에게로 돌아올 것입니다.

자, 이제 앞에서 했던 질문으로 돌아가 볼까요?

하나님은 나를 어떻게 보고 계실까? 하나님은 내 아들을 내 딸을 어떻다고 하실까? 그리고, 내 남편 또는 내 아내를 하나님께서 어떻다고 하실까?

이 질문에 세상적인 부나 명예 등의 잣대로 하나님께서 평가하실까요?

아니겠지요? 성경 말씀대로, 천국 시민으로, 얼마나 천국 시민답게 이 세상에서 하나님의 지상명령을 잘 준행하며 살았는지가 하나님께서 보시는 잣대일 것입니다. 그것이 이방인들과는 다른 크리스천의 성공된 삶의 모습이요, 썩지 않고 변하지 않는 하늘에 보물을 쌓아가는 지혜로운 삶이 될 것입니다.

우리 크리스천들은 세상적인 잣대에 좌지우지되지 말고 그 잣대로 사람들을 평가하지 말고 내 기분을 세상적인 비교로 상하게 하지 말고 오직 하나님께서 주신 우리의 소명에 맞추어 우리의 삶을 평가해 보아야겠습니다.

그러므로 우리 크리스천들은 우리의 처지나 환경에 세상적인 잣대에 눌리어 세상적인 숫자와 통계에 기죽어 힘들어하거나 슬퍼하거나 낙담해서는 안 될 것입니다. 더욱 중요한 것은 하나님의 자녀가 된 특권, 천국 순례자의 패스포트를 포기해서는 더더욱 안 될 것입니다.

우리 크리스천들의 나그넷길은 우리의 돌아갈 본향, 하늘나라가 있기에 소망이 있는 순례자길인 것입니다.

하나님 나라, 천국이 우리가 가는 본향이라면 천국까지 가는 우리의 인생길은 쓸쓸하고 소망 없는 나그넷길이 아니라 우리 성도님들은 천국을 향해가는 목표와 소망이 있고 하나님의 영광을 증거하며 나아가는 순례자의 삶인 것입니다.

그리하여 우리의 생명이 다하는 날, 영생의 면류관을 받아 쓰고 The King's Highway 거룩한 길을 질주하는 축복된 삶을 누리시기를 간절히 축원 드립니다.

기도드리시겠습니다.

"우리가 천국 시민으로서 천국으로 향해가는 순례자로서의 덕목을 우리 자신이 먼저 깊이 생각할 수 있는 지혜를 허락해 주심을 감사드립니다. 주여. 오늘 이 자리에 모인 성도님들께 성경에 기록하여 우리에게 보여주신 믿음의 조상들을 상고할 적에 이 땅에 사는 동안 길 잃은 영혼들을 구원하는 데 앞장서서 하나님께 영광 돌리고 하나님께서 기뻐하시는 천국 순례자의 모습으로 살아갈 수 있도록 용기와 평안을 주시옵소서. 능력을 허락하여 주시옵소서. 이 모든 말씀 예수님의 이름으로 기도드렸사옵나이다. 아멘."

주기도문으로 예배를 마치고 이어서 자유롭게 기도하는 시간을 갖도록 하겠습니다.

"하늘에 계신 우리 아버지여 이름이 거룩히 여김을 받으시오며 나라에 임하시며 뜻이 하늘에서 이룬 것같이 땅에서도 이루어지이다. 오늘날 우리에게 일용할 양식을 주옵시고, 우리가 우리에게 죄지은 자를 사하여 준 것같이 우리의 죄를 사하여 주옵시고, 우리를 시험에 들게 하지 마옵시고, 다만 악에서 구하옵소서. 대개 나라와 권세와 영광이 하나님께 영원히 있사옵나이다. 아멘."

D·A·Y·4

— 성령 체험 9일 특별새벽기도회 —

04

하나님은 어떤 분이신가?

▶ 찬송가 : 327장 〈죄짐을 지고서 곤하거든〉
▶ 말씀 : 야고보서 1장 5~8절

5 너희 중에 누구든지 지혜가 부족하거든 모든 사람에게 후히 주시고 꾸짖지 아니하시는 하나님께 구하라 그리하면 주시리라
6 오직 믿음으로 구하고 조금도 의심하지 말라 의심하는 자는 마치 바람에 밀려 요동하는 바다 물결 같으니
7 이런 사람은 무엇이든지 주께 얻기를 생각하지 말라
8 두 마음을 품어 모든 일에 정함이 없는 자로다

04 　　　　　　　　　　　D·A·Y·04
하나님은 어떤 분이신가?

묵도하심으로 40일 특별새벽기도회 넷째 날을 시작하겠습니다.

"태초에 말씀이 계시니라. 이 말씀이 하나님과 함께 계셨으니 이 말씀은 곧 하나님이시라 아멘"(요 1:1).

하나님 아버지, 오늘도 특별한 아침을 허락하여 주시니 감사드립니다. 오늘은 40일 작정 새벽기도회의 넷째 날입니다.

어제도 저희를 긍휼히 여기시며 사랑하시어 내려주신 말씀 감사합니다. 우리가 천국 시민으로 이 세상을 살아갈 것을 결단케 하여 주셔서 감사합니다. 천국 시민으로 하늘나라에 갈 때까지 주님의 종으로서 복음의 전파자로서 살아갈 수 있는 특권을 주시니 감사합니다.

오늘도 저희가 나누는 말씀 중에 성령께서 같이하시어 우리의 마음을 열게 하시고 온전히 십자가를 바라보게 하시어 전하는 자나 듣는 자 피차간에 하나님의 살아있는 말씀을 듣게 하여 주시옵시고 아직 주님을 마음으로 영접하지 못한 성도가 있다면 이 아침 영접하도록 역사하여 주시옵소서. 강력한 성령의 힘으로 마음 문을 활짝 열게 하여 주시옵소서. 성령이여 주님을 영접할 용기를 낼 수 있도록 도와주시옵소서. 주님 같이 하여 주시옵소서. 주님 영광 받으시옵소서.

예수님의 이름으로 기도드렸사옵나이다. 아멘

오늘의 말씀은 야고보서 1장 5~8절 말씀입니다.

"너희 중에 누구든지 지혜가 부족하거든 모든 사람에게 후히 주시고 꾸짖지 아니하시는 하나님께 구하라. 그리하면 주시리라. 오직 믿음으로 구하고 조금도 의심하지 말라. 의심하는 자는 마치 바람에 밀려 요동하는 바다 물결 같으니 이런 사람은 무엇이든지 주께 얻기를 생각하지 말라. 두 마음을 품어 모든 일에 정함이 없는 자로다"(약 1:5-8).

오늘은 하나님을 통상적인 표현보다는 조금 다른 각도에서 조심스럽게 조명해 보고자 합니다.

사람은 태어나서 죽을 때까지 공부하게 됩니다. 꼭 학문을 연구해서가 아니라 눈으로 보고 귀로 들으며 몸으로 체험하는 모든 것들이 날로 새로워서 매일매일 정보를 얻고 지식을 습득하며 살아갑니다. 이렇듯 사람은 나날이 깨달음이 있는데 이 깨달음의 시작은 의문에서 시작됩니다.

또한 그 의문이라는 것은 꼬리에 꼬리를 물고 일어나기 마련입니다. 그 이유는 알게 된 그 지식 때문에 그 지식으로 인하여 더 탐구해야 하는 과제를 발견하게 되기 때문입니다. 대개는 지식을 쌓으면 쌓을수록 의문이 더 많이 생겨납니다.

금세기 최고의 물리학자인 스티븐 호킹 박사의 저서 『시간의 역사』(A Brief History of Time)에 보면 이런 이야기가 나옵니다.

어느 유명한 과학자(버틀랜드 러셀이었다는 이야기도 있지만)가 천문학에 관한 공개 강연을 한 일이 있었다. 그는 지구가 태양의 둘레를 돌고 또 태양은 우리 은하라고 하는 광대한 별의 집단의 중심 둘레를 돌고 있다는 사실을 설명하였다. 강연이 끝나자 한 자그마한 노부인이 뒷좌석에서 일어나서 이렇게 말했다.

"당신이 한 이야기는 엉터리에요. 우주는 큰 거북 등에 얹힌 납작한 널빤지라고요."

그 과학자는 넌지시 웃으면서 "그 거북이가 올라탄 것은 무엇이지요?" 하고 되물었다. 노부인은 말했다. "젊은 양반, 참 똑똑도 하시군요. 그렇지만 이건 밑바닥까지 전부 거북이란 말씀이에요!"

우리 우주가 거북들이 이루는 끝없는 탑이란 생각이 좀 우스꽝스럽기는 하지만, 그렇다고 과연 우리는 더 나은 생각이 있다고 장담할 수 있을까? 우주에 관해서 우리는 무엇을 알고 있으며, 또 어떻게 그것을 알게 되었을까? 우주는 어디서 왔으며, 어디로 가고 있는 것일까? 우주의 시작은 있었을까? 또 그렇다면 그 '이전에는' 무엇이 있었을까? 시간이란 무엇인가? 시간에 종말이 있을 수 있을까?

우리 지구가 둥글다는 것을 알게 된 것은, 아니 그럴 것이라고 기록상으로 처음으로 생각해 낸 사람인 기원전 340년 그리스의 철학자 아리스토텔레스는 『천구에 관하여』(On the Heaven)란 저서에서 지구가 납작한 널빤지가 아니라 둥근 공이라고 믿을 만한 두 가지 증거를 제시했습니다.

첫째로 그는 지구가 태양과 달 사이에 올 때 월식이 일어남을 알았습니다. 달에 걸리는 지구의 그림자는 언제나 둥글기 때문에 지구가 구형이 아닐 수 없다고 했습니다.

둘째로 그리스 사람들은 여행한 경험으로부터 북극성이 북쪽 지방보다 남쪽 지방에서 더 낮게 보이는 것을 알고 있었습니다. 상상해 보시면 알 수 있듯이 북극에서 북극성은 머리 위에 있지만 적도 지방에서는 수평선 위에 보이게 되는 것입니다.

그 이후 인간의 우주 탐구는 계속되었고 1687년 아이작 뉴턴의

만유인력이라는 이론을 거쳐 아인슈타인의 일반상대성이론과 여러 과학자에 의해 연구 발표된 양자역학이라는 두 개의 획기적인 가장 기본적인 부분 이론을 찾아내었습니다.

여기서 일반상대성이론이란 몇 km의 크기부터 1조에 1조의 크기(이 크기는 현재 관측이 다 다를 수 있는 우주의 크기라고 합니다.)에 대한 우주의 대역을 설명하기 위한 이론이고 양자역학은 극히 미소한 규모의 현상 예를 들면, 1조분의 1cm의 물체 구조를 다루는 이론입니다.

이 저서에 보니 이 시대까지 쌓아 올렸다고 생각하는 최고의 이론 즉, 일반상대성이론과 양자역학에 대하여 이렇게 기술하고 있습니다.

"그러나 불행하게도 이 두 이론은 서로 상충한다. 즉 두 이론이 모두 성립하지는 않는다."

이는 그들 자신이 모순에 빠져있음을 인정하고 있는 것입니다.

이렇듯 인간은 우주의 구조를 이해하고자, 우주 운행의 법칙을 알고자, 게다가 당돌하게도 우주의 시간, 시초와 종말의 실마리를 찾기 위하여 진력해 왔지만 이러한 복잡하고 그야말로 전 인류 역사라는 많은 시간을 통하여 최고의 철학자, 과학자들이 심혈을 기울여 연구해 온, 아니 의문을 던졌던 우주에 대한 이론은 모순이라는 것

이라는 것이 밝혀진 것입니다.

　위의 이야기들을 요약하면 우주를 거대한 망원경으로 내다보고, 더 멀리 내다보고 그러다가 그 끝을 알 수 없으니 물체의 작은 단위인 분자, 원자 그리고 핵과 전자, 그리고 양성자 중성자로 원리를 알고자 자연의 법칙을 알고자 파고들었던 것입니다. 양성자는 또 두 개의 업 쿼크와 한 개의 다운 쿼크로 이루어지고, 중성자는 두 개의 다운 쿼크와 한 개의 업 쿼크로 이루어진 것을 알아냈다고 합니다.

　그 작은 구조 속에도 우주와 같은 많은 물질의 단위들이 법칙에 의하여 결합하고, 운동하고 있다니 신기하지 않습니까? 그러나 어떻게 되었습니까? 현대과학으로 이 우주의 생성과 운행의 비밀이 해결되었나요? 위에서 언급한 바와 같이 의문만 더 증폭되었을 뿐입니다.

　제가 만일 위에서 이야기한 이론에 대하여 깊게 진지하게 이야기하자고 하면 여러분은 시간을 내어 새벽에 나와 제 이야기에 귀를 기울이시겠습니까? 그렇지 않겠지요. 왜냐하면 가설과 모순의 결론에 대하여 귀를 기울일 필요가 없으니까요.

　이렇듯 저희 인간은 이성적 존재로서 의문을 품고 있을 뿐 우주에 충만한 하나님의 신비와 권능 앞에 무릎 꿇을 수밖에 없는 것입니다. 인간의 이성으로는 결국 해답을 알아낼 수 없기 때문입니다.

　만일 지금, 이 순간에도 하나님의 천지 창조와 인간의 창조, 그리고 성경에 기록된 모든 사실에 <u>아직도</u> 의문이 있으시다면 이 말씀의 처음으로 돌아가서 강연장에 온 할머니가 이야기한 "우리 우주가 거북들이 이루는 끝없는 탑"이란 우스꽝스러운 생각보다 과연 우리는 더 나은 생각이 있다고 장담할 수 있을까요? 라고 반문 드리고 싶고, 그래도 하나님의 섭리 앞에 무릎 꿇을 수 없다면 다시 인류가 연구한, 위에 열거한 이론들을 배우는 과정을 기초 이론에서 고급 이론까지 다 배운 다음, 그러고는 결국 모순의 결과에 다다라서는 또 다른 의문을 품게 되어, 다시 이론의 처음 페이지로 돌아가야 하는 다람쥐가 쳇바퀴를 돌 듯 계속 반복하는 일에 인생을 낭비해야 할 것입니다.

그래서 하나님께서는 우리에게 가장 적절한 말씀을 찾으셔서 우리의 의문에 명쾌한 해답을 주시며 하나님 말씀을 시작하고 계시는데 바로 창세기 1장 1절의 말씀입니다.

"<u>태초에 하나님이 천지를 창조하시니라</u>"(In the beginning God created the heavens and the earth)(창 1:1).

이 한마디를 믿는 것이 하나님을 믿는 시작이고, 바로 성경의 모든 말씀을 믿고 따르는 시작인 것입니다. 이제 우리 사고를 정리하여 우주의 비밀에 대한 인간으로서 가진 인간의 두뇌로 할 수 있는 한정적인 의문을 지워야 합니다.

우리 모습을 상상해 보십시오. 여러 가지 모습이 떠오릅니다. 지금 머리 모양은 어떻고, 무슨 옷을 입었고, 내 얼굴의 형상과 현재의 자신의 모습을 상상할 수 있을 겁니다.

이제 비행기에서 내려다보는 나를 상상해 보십시오. 다시 조금 더 먼 우주선에서 찍어 보낸 파란 별 지구를 상상하시고 그 속에 나를 상상해 보십시오. 우리가 속한 태양계를 벗어나, 우리가 속한 은하계 그리고, 그러한 은하계가 수를 헤아릴 수 없을 정도로 많은 광활한 우주 속의 나를 상상해 보십시오.

이제 내 모습은 어떻게 보입니까? 디테일한 것은 고사하고 내 존재조차 알아볼 수 없지 않나요. 내 상상의 망원경으로는 말입니다.

그러나 하나님은 말씀하십니다. "너희에게는 머리털까지 다 세신 바 되었나니"(마 10:30)라고 말입니다.

우리의 상상으로는 우리의 모습을 광활한 우주에서 찾아볼 수도 없지만 하나님의 방법은 우리가 상상하는 방법과는 전혀 다른 것입니다. 머리털까지 세시고 계시다는 말씀을 믿으시기 바랍니다.

또한 말씀하십니다.

"진실로 너희에게 이르노니 천지가 없어지기 전에는 율법의 일점 일획이라도 반드시 없어지지 아니하고 이루리라"(I tell you the truth, until heaven and earth disappear, not the smallest, letter, not the least stroke of a pen, will by any means disappear from the Law until everything is accomplished)(마 5:18).

또한 누가복음 21장 33절에 보니 이렇게 기록되어 있습니다.

"천지는 없어지겠으나 내 말은 없어지지 아니하리라"(Heaven and earth will pass away, but my words will never pass away).

그렇습니다. 태초에나 지금이나 또 이 천지가 없어지더라도 하나님의 말씀, 진리의 말씀으로 영영토록 남게 된다는 말씀입니다.
또한 베드로전서 2장 24~25절은 이렇게 기록되어 있습니다.

"그러므로 모든 육체는 풀과 같고 그 모든 영광이 풀의 꽃과 같으니 풀은 마르고 꽃은 떨어지되 오직 주의 말씀은 세세토록 있도다 하였으니, 너희가 전한 복음이 곧 이 말씀이니라."

무슨 말씀입니까? 이 세상의 모든 것은 쇠하고 없어질 것이나, 하나님의 말씀은 세세토록 남을 것이라는 하나님의 말씀입니다. 이 영원히 있을 하나님의 말씀이 바로 우리 천국 시민들이 전하여야 할 복음입니다.

자, 이제 분명해졌습니다. 하나님의 말씀에는 의문을 제기하거나, 자기만의 사고능력의 한계에 빠져서 허우적거리는 우를 범하여서는 안 되겠습니다. 우리는 하나님의 권능 앞에 무릎 꿇을 수밖에 없고 하나님의 존재를 알게 하신 것만 해도 감사해서 감히 무어라 표현할 수 없는데 우리 하나님께서는 글로 성경에 우리에게 전할 복음의 말씀까지 주셨습니다.

우리는 왜 복음을 전해야 하나요? 그 이유는 어제도 말씀드렸다시피 그것이 바로 하나님께서 기뻐하시는 일이기 때문입니다. 성경에 보면 양 백 마리 중 잃어버린 양 한 마리에 대한 비유를 이야기하면서 이렇게 기록되어 있습니다.

"내가 너희에게 이르노니 이와 같이 죄인 하나가 회개하면 하늘에서는 회개할 것이 없는 의인 아흔아홉으로 인하여 기뻐하는 것보다 더 하리라"(눅 15:7).

이 말씀은 복음 전파의 중요성, 하나님께서 가장 기뻐하시는 일이 무엇인지를 말씀하고 있습니다.

오늘 말씀을 요약해 보면 하나님께서 천지를 창조하신 것은 다른 해명할 방법이 없으니 의심할 바가 없으며 하나님 말씀, 법칙은 하나도 이루어지지 않을 것이 없으니 마음속의 의심을 버리고 하나님을 내 생명의 원천되시는 아버지로, 예수 그리스도를 우리 주로 영접하는 것이 마땅하지 않느냐는 것입니다.

의심을 버리십시오. 더 이상의 자기 두뇌의 한계 속에서 하나님을 평가할 생각일랑 뇌의 기억 보관 장치에서 삭제하세요. 그 삭제한 기억 보관 장치에 하나님의 존재와 하나님께서 이 우주 만물을 창조하시고 이 우주의 운행과 우리들의 머리털까지 세실 정도로 간섭하고 계시다는 진리를 지워지지 않도록 보호파일로 보관하십시오. 하나님의 말씀은 곧 하나님이라는 굳은 믿음을 우리 마음판에 새겨 넣으십시오.

오늘 부른 찬송은 모리스 여사(미국 태생으로 51세에 시력을 잃게 되나, 찬송가 작시 작곡을 계속하여 1,500여 곡의 작품을 남겼던 분입니다.)가 메릴랜드주의 마운틴 레이트 파크에서 열린 집회에 참석했을 때 지은 찬송입니다.

집회가 한창이던 주일 아침에 설교자인 베이커 목사는 '회개하라'는 제목으로 열정적인 메시지를 전하고 있었습니다. 그가 회중을 향하여 구원의 초청을 하자 많은 사람이 눈물을 흘리며 강단 앞으로 나와 무릎을 꿇었습니다.

그때 아직도 회중석에 앉아 머뭇거리며 갈등하는 한 여인이 있었습니다. 이 모습을 지켜보던 모리스 여사는 그녀에게 다가가 손을 붙들고 함께 기도하였습니다. 그리고 "의심하지 마세요. 마음을 열고서 주님을 영접하세요"라고 권면했습니다. 찬송 인도자인 길모어

박사와 베이커 목사도 계속하여 회중을 향해 그리스도를 영접할 것을 촉구했습니다. 이때 모리스 여사는 참으로 간절한 마음으로 다시 권면했습니다.

"이젠 더 이상 거절하지 말고 주님을 영접하십시오."

결국 그녀는 그리스도를 영접하게 되었고 뜨거운 눈물을 흘리며 강단 앞으로 나오게 되었던 것입니다.

모리스 여사가 했던 권면의 말, 찬송가의 가사처럼 "의심을 다 버리고 마음 문을 여시고 주님을 영접하라"는 말씀이 이 순간 여러분의 심령에 남아 여러분을 변화시키고 이웃을 변화시키는 놀라운 역사가 임하기를 간절히 축원 드립니다.

기도드리시겠습니다.

"하나님. 부족한 종이 성령님의 인도하심에 따라 하나님의 말씀을 전하였습니다. 저는 무지하고 연약하지만, 오직 성령으로 역사하시는 줄 압니다. 말씀 전할 때마다 예배 인도자를 보게 하지 마시고 오직 십자가와 십자가에 못 박혀 죽으시기까지 하나님의 사랑을 증거하셨던 예수님을 바라보게 하시고 지금도 간절히 요구하고 계시는 복음 전파에 힘써서 이 땅에 죽어가는 영혼들을 구원하는 데 앞장서게 하시옵소서."

또한, 혹시 남아있던 의심이 있었다면 오늘 이 시간에 기억 속에서 지워주시고 주님을 구주로 영접하지 못한 영혼이 있거든 마음의 문을 활짝 열고 주님을 영접하게 하여 주시옵소서. 이 모든 말씀 우리를 죄에서 구속하신 예수님 이름으로 기도드렸사옵나이다."

주기도문을 드리고 이어 자유로이 기도하는 시간을 갖겠습니다.
"하늘에 계신 우리 아버지여 이름이 거룩히 여김을 받으시오며 나라에 임하시며 뜻이 하늘에서 이룬 것같이 땅에서도 이루어지이다. 오늘날 우리에게 일용할 양식을 주옵시고, 우리가 우리에게 죄 지은 자를 사하여 준 것같이 우리의 죄를 사하여 주옵시고, 우리를 시험에 들게 하지 마옵시고, 다만 악에서 구하옵소서. 대개 나라와 권세와 영광이 하나님께 영원히 있사옵나이다. 아멘."

DAY·5

— 성령 체험 9일 특별새벽기도회 —

05

봉사와 섬김

▶ 찬송가 : 378장 〈이전에 주님을 내가 몰라〉
▶ 말씀 : 마태복음 23:10~12

10 또한 지도자라 칭함을 받지 말라 너희의 지도자는 한 분이시니 곧 그리스도시니라
11 너희 중에 큰 자는 너희를 섬기는 자가 되어야 하리라
12 누구든지 자기를 높이는 자는 낮아지고 누구든지 자기를 낮추는 자는 높아지리라

05

D·A·Y·05

봉사와 섬김

-
-
-

묵도하심으로 40일 특별새벽기도회 5일째를 시작하겠습니다.

"내가 주와 또는 선생이 되어 너희 발을 씻겼으니 너희도 서로 발을 씻기는 것이 옳으니라"(요 13:14).

저희를 사랑하시되, 독생자 예수 그리스도를 십자가에 못 박혀 죽이시기까지 사랑하신 하나님 아버지시여. 오늘 40일 특별새벽기도회 중 5번째 예배를 받아 주시옵소서.

어제 새벽에도 저희에게 하나님의 섭리가 우주에 충만하고 그 광대하심을 상고하게 하여 주셔서 감사합니다.

믿음은 바라는 것들의 실상이요 보지 못하는 것들의 증거(히브리서 11:1) 라고 말씀하신 것처럼 저희가 주님을 믿고 따르는 지혜로운 자가 되게 하여 주시옵소서. 우리 인간의 사고로 판단하려 하지 말고 믿음으로 갈등과 의심의 함정을 건너게 하여 주시옵소서.

오늘도 부족한 주님의 종의 입을 통하여 전달되는 주님의 메시지가 저와 성도님들에게 피차 은혜가 되도록 성령이여 함께 하시옵고 역사하여 주시옵소서. 감사드리옵고 예수님 이름으로 기도드렸사옵나이다.

"또한 지도자라 칭함을 받지 말라. 너희 지도자는 하나이니 곧 그리스도니라. 너희 중에 큰 자는 너희를 섬기는 자가 되어야 하리라. 누구든지 자기를 높이는 자는 낮아지고 누구든지 자기를 낮추는 자는 높아지리라"(마 23:10-12).

오늘은 저희가 교회 생활을 하며 하게 되는 봉사 생활에 대하여 같이 은혜를 나누어 볼까 합니다.

예수님께서는 섬김에 대하여 마태복음 20장 25~28절 말씀에서 이렇게 가르쳐 주시고 계십니다.

"예수께서 제자들을 불러다가 이르시되 이방인의 집권자들이 그들을 임의로 주관하고 그 고관들이 그들에게 권세를 부리는 줄을 너희가 알거니와 너희 중에는 그렇지 않아야 하나니 너희 중에 누구든지 크고자 하는 자는 너희를 섬기는 자가 되고 너희 중에 누구든지 으뜸이 되고자 하는 자는 너희의 종이 되어야 하리라. 인자가 온 것은 섬김을 받으려 함이 아니라 도리어 섬기려 하고 자기 목숨을 많은 사람의 대속물로 주려 함이니라"(마 20:25-28).

※ 주 : (마가복음 10:45) 인자가 온 것은 섬김을 받으려 함이 아니라 도리어 섬기려 하고 자기 목숨을 많은 사람의 대속물로 주려 함이니라.
(사도행전 17:25) 또 무엇이 부족한 것처럼 사람의 손으로 섬김을 받으시는 것이 아니니 이는 만민에게 생명과 호흡과 만물을 친히 주시는 이심이니라.

이 말은 다른 설명이 필요 없을 정도로 명쾌하게 기술되어 있습니다. 제자들 사이의 관계에서 섬김의 자세로 또 성도들 간에도 낮춤의 자세로 생활하라는 예수님 말씀입니다.

또한 마태복음 7장 1~6절까지 말씀을 보니 이렇게 기록되어 있습니다.

"비판을 받지 아니하려거든 비판하지 말라. 너희의 비판하는 그 비판으로 너희가 비판을 받을 것이요. 너희의 헤아리는 그 헤아림으로 너희가 헤아림을 받을 것이니라. 어찌하여 형제의 눈 속에 있는 티는 보고 네 눈 속에 있는 들보는 깨닫지 못하느냐. 보라. 네 눈 속에 들보가 있는데 어찌하여 형제에게 말하기를 나로 네 눈 속에 있는 티를 빼게 하라 하겠느냐 외식하는 자여 먼저 네 눈 속에서 들보를 빼어라 그 후에야 밝히 보고 형제의 눈 속에서 티를 빼리라. 거룩한 것을 개에게 주지 말며 너희 진주를 돼지 앞에 던지지 말라. 저희가 그것을 발로 밟고 돌이켜 너희를 찢어 상할까 염려하라"(마 7:1-6).

이 내용을 보니 예수 그리스도의 제자 된 자로서, 교회 간의 또는 우리 성도끼리 서로 비방하지 말라는 내용입니다.

또 이 말을 긍정적인 시각으로 조금 더 생각해 보니, 성도 각자가 가진 달란트대로 일을 하게 되는 것에 대하여 서로 비교하지 말라는 이야기도 포함되는 것 같습니다.

여기서 비판이 생기는 이유는 서로가 알고 있으며 교회 일로 연결되어 있는 까닭입니다. 서로 알지 못한다면 비판의 실마리도 없겠고 교회 일로 연결되지 않는다면 교회 일로 서로 비판할 일도 없겠지요.

비판하지 말고, 흉보지 말라는 이야기의 바탕에는 같이 교회 일을 하고 있다는 배경이 깔려있다고 유추해 낼 수가 있는 것입니다.

즉, 하나님께서는 우리들의 재능에 따라 하나님의 사업을 위하여 다르게 쓰시는데 그 쓰임 받는 직분에 만족하며 충성하라는 이야기도 되는 것 같습니다.

저는 종종 교회 일에 대한 달란트를 설명할 때 느티나무와 사과나무를 비유로 말하곤 합니다. 느티나무는 시원한 그늘을 제공하지만, 이 느티나무더러 사과를 내놓으라고 해도 안 되겠고, 그 반대로 사과나무를 다 보셨겠지만 키 작은 사과나무 밑에서 여러 사람이 쉴 그늘을 찾는 것도 맞지 않겠지요. 교회에 느티나무와 같은 성도님도 있고, 사과나무와 같은 분도 있는 것입니다.

이렇듯 서로의 직분에 감사하는 마음으로 섬김의 자세로 일하는 것이 우리들 평신도들이 취해야 할 봉사 정신이 아닌가 합니다.

오늘 말씀은 섬김과 봉사에 대한 어떤 교회의 사례를 읽어드리면서 마칠까 합니다.

「성도들의 첫 만남」

작정 새벽기도회가 시작된 10월 8일 새벽 4시 30분.
새벽기도회 시작 한 시간 전부터 차량부 봉사가 시작된다. 굳이 한 시간 전부터 나와서 봉사를 해야 되나 싶었지만 생각보다 많은 성도들이 일찌감치 교회에 나와 기도회에 참석하였다. 차량부 집사님들은 사무실에 들러 일명 '깜빡이봉'을 들고 각자 맡은 위치에서 교회와 학교에 진입하는 성도들의 차와 교회 차량을 안내한다.
차량부 봉사, 개인적으로 가장 싫어(?)하는 봉사이다. 작정 새벽기도회가 시작되면 5시 30분에 오는 것도 힘들어 잘 나오지도 못하는데 한 시간 일찍 나와야 하고 주일 동안 엄청난 차량을 통제하다 보면 때로는 못 돼먹은 성격 때문에 성도들과 높은 언성이 오가지 않을까 싶어서다.

차량부 봉사 취재가 결정된 주일 3부 예배 후, 차량부 집사님들의 봉사 모습을 촬영하러 교회 마당에 들렀는데, 교회 버스를 막고 세워 놓은 한 승용차의 주인이 나타나지 않고 있었다. 일찍 나와 차를 빼 주기로 약속을 하시곤 10분이 지났는데도 주인이 나타나지 않아 집사님들이 매우 당황스러워하고 계셨다.

차량부 차장이신 권기장 집사님께 봉사가 많이 힘들지 않으신지 여쭤보았다.

"차량부 봉사자들은 교회에 오시는 성도들이 맨 먼저 교회 입구에서 대면하게 되는 사람들입니다. 그렇기에 용모를 단정히 하고 먼저 웃음으로 인사하고 성도들을 맞이해야 한다는 소명 의식을 갖고 봉사합니다.

하지만 때로는 속상할 때가 있죠. 가끔 안내에 잘 따라 주시지 않아 전체 주차 관리의 효율성이 떨어지는 경우, 주차 관리 봉사자를 봉사자가 아닌 유급 주차 관리인으로 오해하시고 시비와 짜증스러운 모습을 보이실 때입니다.

그러나 그 무엇보다도 가장 가슴 아프고 슬프게 하는 것은 봉사자로서 소임을 가지고 봉사함에도 불구하고 오해하셔서 앞으로는 이런 교회에 다시 나오지 않겠다고 언성을 높이실 때 '주여!'라고 탄식이 터져 나옵니다."

교회에서의 봉사, 그 어느 것 하나 귀하지 않고 힘들지 않은 봉사가 있겠냐마는 차량부 집사님들의 말씀 중에 참으로 기억에 남는 말씀은 '성도들의 첫 만남' 이라는 의미에서 그분들이 얼마나 소명식을 가지고 봉사에 임하시는지를 느낄 수 있었다. (차량부)

교회에 오시는 대부분의 성도가 "안녕하세요.", "수고하십니다.". "오늘도 은혜받으세요."라고 인사를 하실 때 큰 은혜와 보람을 느낍니다. 그동안 친숙해진 성도 중에 젊으신 분들은 가정에서 준비하신 음식 및 음료수를 나누어 드시라며 주실 때 그날의 피로가 사라짐을 느낍니다. 나이 지긋하신 성도들은 두 손을 꽉 잡아주시면서 "수고하십니다."라고 말씀하실 때 부끄러움에 얼굴이 후끈해집니다.

교회에서 봉사는 선택이 아닌 필수라고 생각한다. 봉사는 베푸는 것이 아니라 봉사를 통해서 우리의 모습을 돌이켜 보게 되고 결국은 얻는 것이 더욱더 많음을 깨닫는다. 우리의 신앙도 봉사를 통해 더욱 단단해진다. 우리의 올바른 신앙을 위해 자신의 달란트에 맞는 봉사를 찾는 성도들이 더욱 늘어나는 교회가 되었으면 한다.

(최현규 기자)

"봉사와 섬김은 내가 살아 있음을 확인시켜 주는 하나님의 은혜입니다."

그렇습니다. 봉사와 섬김이 우리가 살아있음을 확인케 하는 하나님의 은혜이며 이러한 봉사와 섬김의 축복을 받은 자가 다름 아닌 바로 우리들 자신인 것입니다. 우리는 봉사와 섬김을 통해 주님을 닮아가게 되며, 이를 통해 대속 역사의 첫걸음을 시작하셨던 주님을 닮아가게 되는 것입니다.

자신에게 주어진 은사를 확인하고 그 은사를 통해 봉사와 섬김의 자리로 나아가는 것은 호흡하고 있는 우리 모든 이들이 당연히 행해야 할 몫이며, 바로 그곳에서 우리가 숨 쉬고 있음을, 하나님의 자녀로 살아있음의 기쁨을 만끽하게 될 것입니다.

만약 여러분 중에 봉사하기에 부족하다고 느끼는 분이 계시다면 하나님께서 나에게 주신 달란트는 무엇인지 기도해 보시기 바랍니다. 주님과 이웃을 위해 할 수 있는 일을 찾아보시기 바랍니다. 섬김과 봉사의 그 자리에서 당신은 비로소 '살아있는 당신'을 발견하게 될 것입니다.

우리 교회에도 보이지 않는 곳에서 봉사하는 손길들이 많습니다. 우리들이 이런 분들을 기억해 내고, 찾아가 격려와 칭찬을 해 주어야겠습니다. 저희 평신도들은 너나 할 것 없이 일상생활과 교회생활을 병행해야 하는 어려움을 가지고 있습니다. 그렇기 때문에 때로는 지치고 힘들어서 하나님의 사업에 게을리하는 경우도 생기게 마련입니다. 그리고 주님과 멀어져 갈 수도 있습니다.

우리 주변에 이렇게 힘들어하는 교우가 있으십니까? 찾아가서 위안을 줍시다. 마음의 평안을 위하여 기도합시다. 영적 회복을 위하여 기도합시다. 하나님의 사업에 협동할 수 있는 교우들의 숨은 재능을 찾아 줍시다. 하나님의 사랑을 느끼며 하나님을 섬기며 신명 나는 삶을 느끼게 해 줍시다. 하나님은 언제나 기다리고 계신다고 말입니다.

기도드리시겠습니다.

"하나님 아버지. 오늘도 저희가 하나님의 말씀을 묵상하였습니다. 특별히 '봉사와 섬김은 내가 살아있음을 확인시켜 주는 하나님의 은혜' 라는 말씀 감사합니다.

저희들 서로 낮아지며 하나님의 제자 된 자로 살게 하여 주시옵소서. 저희들 서로 간에 위로와 칭찬과 격려를 하게 하옵시고 보이지 않는 곳에서 봉사하는 섬김의 손길들도 기억하게 하시옵소서. 느티나무와 사과나무를 비교하게 하지 마옵시고, 나에게 주어진 직분에 감사하는 저희들 되게 하시옵소서.

그러할 적에 하나님의 사랑을 나타내는 저희 성도님들이 되게 하시고 우리의 수고를 기억하실 하나님께 영광을 돌려드리는 겸손한 하나님의 자녀가 되게 도와주시옵소서.

현실이 힘들어 지쳐 있는 성도가 있습니까? 성령이여 찾아가 주시어 위로하시고 새로운 힘을 쏟아부어 주시옵소서. 회복되게 하여 주시옵소서. 이 모든 말씀 예수그리스도의 이름 받들어 기도드렸사옵나이다. 아멘."

주기도문으로 예배를 마치겠습니다.
"하늘에 계신 우리 아버지여 이름이 거룩히 여김을 받으시오며 나라에 임하시며 뜻이 하늘에서 이룬 것같이 땅에서도 이루어지이다. 오늘날 우리에게 일용할 양식을 주옵시고, 우리가 우리에게 죄 지은 자를 사하여 준 것같이 우리의 죄를 사하여 주옵시고, 우리를 시험에 들게 하지 마옵시고, 다만 악에서 구하옵소서. 대개 나라와 권세와 영광이 하나님께 영원히 있사옵나이다. 아멘."

이어서 기도하실 적에,
1. 나로 낮아지게 하여 달라고
2. 아직 봉사할 일을 찾지 못하신 분은 주님을 섬길 수 있는 나의 달란트를 찾을 수 있도록 기도하시고
3. 봉사와 섬김에서 멀어진 교우들을 위해서 기도하신 후
4. 중보기도의 제목들과
5. 각자의 문제를 놓고 뜨겁게 기도하시기 바랍니다.

"또한 지도자라 칭함을 받지 말라. 너희 지도자는 하나이니 곧 그리스도니라. 너희 중에 큰 자는 너희를 섬기는 자가 되어야 하리라. 누구든지 자기를 높이는 자는 낮아지고, 누구든지 자기를 낮추는 자는 높아지리라"(마 23:10-12).

DAY·6

— 성령 체험 9일 특별새벽기도회 —

06

하나님과 우리의 중보되시는 예수님

▶ 찬송가 : 248장 〈시온의 영광이 빛나는 아침〉
▶ 말씀 : 요한복음 1:9~13

9 참 빛 곧 세상에 와서 각 사람에게 비추는 빛이 있었나니
10 그가 세상에 계셨으며 세상은 그로 말미암아 지은 바 되었으되 세상이 그를 알지 못하였고
11 자기 땅에 오매 자기 백성이 영접하지 아니하였으나
12 영접하는 자 곧 그 이름을 믿는 자들에게는 하나님의 자녀가 되는 권세를 주셨으니
13 이는 혈통으로나 육정으로나 사람의 뜻으로 나지 아니하고 오직 하나님께로부터 난 자들이니라

06 D·A·Y·06
하나님과 우리의 중보되시는 예수님

묵도하심으로 40일 특별새벽기도 6일째 예배를 시작하였습니다.

"여호와여 아침에 주께서 나의 소리를 들으시리니 아침에 내가 주께 기도하고 바라리이다"(In the morning, O LORD, you hear my voice; in the morning I lay my requests before you and wait in expectation)(시 5:3).

하나님 아버지. 오늘도 저희들에게 특별한 새벽을 주시고 주님의 은총으로 이 아침에도 저희들의 눈을 뜨게 하시며 새벽 첫 시간을 주님께 감사와 영광 돌리며 하루를 시작할 수 있게 하시니 감사 드립니다.

하나님 아버지. 저희들 바쁜 일과로 육신적으로는 피곤하지만 주님의 말씀, 하나님을 뵙기 위해 이렇게 새벽을 깨우며 갈급한 심정으로 주님의 전에 나왔습니다.

오늘도 성령께서 임하셔서 우리의 심령을 움직이시고 마음 문을 열게 하사 하나님 말씀의 씨앗들이 옥토에 심어지는 역사를 이루옵소서. 여명이 밝아올 때, 어두움이 물러날 때, 이 어두운 세상의 빛 되시는 주님의 권능을 보게 하시고 주님의 영광을 보게 하시옵소서.

이 기도회 내내 성령이여 임재하시어 사탄 마귀 틈타지 못하도록 지켜 주시고 우리의 기도에 귀 기울여 주시옵소서. 아멘

오늘의 성경 말씀은 요한복음 1장 9~13절 말씀입니다.

"참 빛 곧 세상에 와서 각 사람에게 비취는 빛이 있었나니 **그**가 세상에 계셨으며 세상은 **그**로 인해 지은 바 되었으니 세상이 **그**를 알지 못하였고 자기 땅에 오매 자기 백성이 영접지 아니 하였으나 영접하는 자 곧 **그** 이름을 믿는 자에게는 하나님의 자녀가 되는 권세를 주셨으니 이는 혈통으로나 육정으로나 사람의 뜻으로 나지 아니하고 오직 하나님께로서 난 자들이니라"(요 1:9-13).

오늘은 우리를 하나님께서는 어떻게 정의하고 계시는 지와 우리와 예수님, 하나님과의 관계에 대하여 간단히 알아봄으로써 우리의

정체성을 분명히 알고 그 분명한 관계를 반석 삼아 비바람이 몰아치고 홍수가 나는 악조건에서도 무너지지 않을 믿음의 전을 쌓을 수 있었으면 합니다.

1. 예수님의 뛰어나심, 구별되심

예수님을 이야기하자면 우선 예수님께 세례를 행한 요한의 이야기부터 해야겠습니다.

요한은 하나님께서 보낸 사람이었습니다. 요한은 유대 왕 헤롯 때에 아비야 반열에 제사장 사가랴와 그 아내 엘리사벳 사이에서 태어났는데 이 두 사람이 하나님 앞에 의인이었다고 성경은 기록하고 있으며 주의 사자에 의하여 예언되어 태어났고 이름도 주의 사자에 의하여 주어진 하나님께서 특별히 보낸 사람이었습니다. 어찌 보면 예수님의 출생과 비슷한 아주 특별한 사람입니다.

그러나 요한은 예수님의 오심을 예비하러 왔으며 세상의 빛이신 그분께서 오시는 것에 대하여 예언하고 있는 절이 15절입니다.

"요한이 그에 대하여 증거하여 외쳐 가로되(Cries out, saying) 내가 전에 말하기를 내 뒤에 오시는 이가 나보다 앞선 것은 <u>나보다 먼저 계심이니라</u> 한 것이 이 사람을 가리킴이라 하니라"(요 1:15).

나보다 앞선 것이란 나보다 나은 분인데, 나은 정도가 영어 성경을 보니 "better"가 아니라 "surpassed"라고 되어 있습니다. 나와 비교할 정도가 아니라 어떤 기준을 넘어섰다는 말입니다. 비교하지 말아 달라는 말입니다.

비교가 안 되는 이유는 <u>나보다 먼저 계심</u> "나보다 먼저 계셨던 분", 태초에 하나님과 동행하셨던 분이기 때문입니다.

이 말씀은 요한복음 1:2에 명시되어 있습니다.

"그가 태초에 하나님과 함께 계셨고."

여기서 "그"라고 이야기하는 분이 누구인가를 밝히는 절이 바로 예수님께서 세례를 받으러 가는 장면에서 나옵니다.

"이튿날 요한이 예수께서 자기에게 나아오심을 보고 가로되 보라. 세상 죄를 지고 가는 하나님의 어린양이로다. 내가 전에 말하기를 내 뒤에 오는 사람이 있는데 나보다 앞선 것은 **그**가 나보다 먼저 계심이라 한 것이 이 사람을 가리킴이라"(요 1:29-30)

이 말씀은 태초에도 계셨던 하나님의 아들 그 "예수 그리스도"를 증거하고 있습니다.

2. 우리의 정체성에 대한 하나님의 정의

오늘의 본문 말씀 12절과 13절을 다시 봅시다.

"영접하는 자 곧 그 이름을 믿는 자에게는 하나님의 자녀가 되는 권세를 주셨으니 이는 혈통으로나 육정으로나 사람의 뜻으로 나지 아니하고 오직 하나님께로 서 난 자들이니라"(요 1:12-13).

우리 인간들의 혈통의 계보로는 이해가 되지 않는 예수님의 출생, 그리고 우리는 하나님의 자녀라고 합니다. 왜 그런지를 13절에서 보니 예수님을 믿는 자는 사람의 혈통이나 계보와 전혀 관계없이 사람의 의도와도 관계가 없이 하나님의 자녀가 되는데, Holy Bible 영어 성경에는 이렇게 기록되어 있습니다.

"Which were born, not of blood, nor of the flesh, nor the will of man, but of God."

즉, 예수님을 믿는 자들은 사람의 혈통과 관련 없고 자식을 낳겠다는 우리의 의도와도 전혀 관계없이 하나님의 의도에 의하여 출생한다는 의미입니다. 우리가 인간의 출생에 대해서는 꽤 자세히 알고 있는 듯합니다. 단지 임신 후의 시간과 태아의 변화에 대해서 국한

되어 있지만 말입니다.

그러나 임신이 되는 것은 여전히 우리의 의도대로 할 수 없다는 것을 저희는 경험적으로 잘 알고 있습니다. 하나님의 법칙은 인간의 생각으로 풀 수는 없습니다.

그러나 성경을 통하여 우리에게 알려주시는 한 치의 오차도 있을 수 없는 하나님의 법칙으로 우리가 감히 하나님의 자녀가 된 것입니다.

예수님을 영접하는 자 곧 예수님의 이름을 믿는 자에게는 하나님의 자녀가 되는 권세를 주셨다고 12절에서 말씀하고 있습니다.

그렇습니다. 우리의 정체는 바로 하나님의 자녀입니다.

3. 하나님 자녀로서의 기본자세

권세를 받은 자녀로서 가져야 할 기본자세를 간단명료하게 설명한 성경 구절이 있습니다. 바로 잠언 9장 10절 말씀입니다.

"여호와를 경외하는 것이 지혜의 근본이요 거룩하신 자를 아는 것이 명철이니라"(The fear of the LOAD is the beginning of wisdom, and knowledge of the Holy One is understanding).

즉, 하나님을 두려워해야 합니다. 또한 하나님이 거룩하시며 그 거룩한 하나님을 아는 것, 배워나가는 것이 하나님의 자녀로서 취해야 할 자세인 것입니다.

또한 베드로전서 1장 14~17절 말씀에는 이렇게 기록되어 있습니다.

"너희가 순종하는 자식처럼 이전 알지 못할 때에 좇던 너의 사욕을 본 삼지 말고 오직 너희를 부르신 거룩한 자처럼 너희도 모든 행실에 거룩한 자가 되라. 기록하였으되 내가 거룩하니 너희도 거룩할지어다 하셨느니라. 외모로 보시지 않고 각 사람의 행위대로 판단하시는 자를 너희가 하나님이라 부른즉 너희의 나그네로 있을 때를 두려움으로 지내라."

즉, 사욕을 버리고 거룩한 자를 따라 거룩하게 살아야 할 것입니다. 또한 우리가 나그네, 천국 시민의 순례자로 사는 동안에 우리가 행할 행위대로 판단하실 하나님을 상고하여 두려움으로 지내야 한다는 말입니다.

4. 우리의 임무

우리의 지상 최대의 의무는 복음 전파입니다. 세세토록 변치 않을 하나님의 말씀, **성령**의 도우심으로 알게 된 예수님의 고난과 영광을 전하는 일입니다.

예수님께서 승천하시기 직전에 하신 "오직 성령이 너희에게 임하시면 너희가 권능을 받고 예루살렘과 온 유대와 사마리아와 땅끝까지 이르러 내 증인이 되리라"(행 1:8)는 말씀이 바로 우리에게 내린 지상 최대의 명령입니다.

예수님께서 제자들에게 명령하신 이 말씀이 바로 우리에게 하신 것입니다. 왜냐하면 하나님의 계보에는 "영접하는 자 곧 **그** 이름을 믿는 자에게는 하나님의 자녀가 되는 권세를 주셨으니"(요 1:12)라는 말씀처럼 우리들은 모두 동서고금을 막론하고 하나님의 자녀, 예수님의 제자들이라는 동일체이기 때문입니다.

여기서 자세히 보니 성령의 도우심이라는 말이 나오는데 그 의미는 우리가 주님의 십자가에 달리심과 부활하심을 믿고 주님을 영접하는 것은 오로지 우리의 의지가 아니라 성령의 도우심으로 된다는 말입니다. 성령님을 사모하고 성령님이 내 몸에 항상 충만하게 될 때만이 복음을 올바로 전달하게 된다는 뜻입니다.

오늘 말씀을 요약해 보면 이렇습니다.

첫째, 예수님은 태초에 하나님과 동행하셨던 하나님의 독생자이시기 때문에 이 세상에 무수히 오고 간 선지자들과는 확실히 다른 분입니다. 사망 권세를 깨신 하나님의 모든 권세를 가지신 분입니다.

두 번째, 하나님께서는 원죄로 인하여 지옥으로 가야만 했을 죄 많은 저희를 긍휼히 여기시고 예수님을 보내시어 이 예수님을 영접하는 우리 모두를 자녀 삼아 주셨습니다.

　세 번째, 하나님을 경외하며 성경을 통하여 가르쳐 주시는 하나님의 구원에 대하여 항상 생각하고 예수님을 따라 섬김의 자세로 거룩한 삶을 살라고 말씀하고 계십니다.

　네 번째, 저희는 하나님께서 가장 기뻐하시는 일을 하며 살아야 하는데, 그것은 또한 우리가 천국 시민으로서 이 땅에서 꼭 해야 할 의무인 것입니다.

　그것은 **성령**의 도우심으로 알게 된 예수님의 고난과 영광을 전하는 일인 것입니다.

　이상 오늘의 이 말씀이 우리 마음속에 반석이 되어 앞으로 우리들이 계속하여 건축해 나갈 우리 마음속에 믿음의 전, 하나님의 영광이 임할 그 거룩한 성전에 튼튼한 기초가 되기를 간절히 축원 드립니다.

　기도드리시겠습니다.

"하나님 아버지, 오늘도 성령님께서 인도하심으로 내려주신 이 말씀 감사합니다. 부족한 종을 하나님의 섭리로 이 자리에 세워주시고 성령께서 역사하시어 감히 하나님의 말씀을 증거하게 하시니 하나님께 영광 돌리옵나이다.

　이제 오늘의 말씀이 우리가 주 예수 그리스도를 믿음으로 받게 될 고난과 마지막 때의 환란에도 흔들리지 않는 굳건한 믿음의 반석이 되게 하시옵소서.

그 반석 위에 저희가 이 40일 특별새벽기도회 기간에 훌륭한 주님의 전을 우리 마음속에 건축하려고 하오니 하나님 아버지시여, 튼튼한 믿음의 반석을 허락하여 주시옵소서. 어떠한 시련과 유혹에서도 어떠한 이단의 공격에도 견딜 수 있는 하나님의 영광이 머무는 거룩한 하나님의 성전이 완성되도록 성령이여 도와주시옵소서. 하나님의 전이 완성되는 날, 하나님이시여 우리의 믿음의 전에 찾아주셔서 주님의 커다란 권능과 영광을 보여 주시옵소서. 우리가 알지 못하는 비밀스러운 축복을 내리어 주시옵소서. 우리의 상식으로는 이해 안 되지만, 하나님의 법칙으로 우리의 문제들을 해결하여 주시옵고 우리들이 구하는 것마다 응답받는 기적을 보여 주시옵소서. 감사드리옵고 태초부터 계셨고 지금도 살아계신 우리 주 예수 그리스도의 이름 받들어 기도드렸사옵나이다. 아멘."

주기도문으로 예배를 마치겠습니다.

"하늘에 계신 우리 아버지여 이름이 거룩히 여김을 받으시오며 나라에 임하시며 뜻이 하늘에서 이룬 것같이 땅에서도 이루어지이다. 오늘날 우리에게 일용할 양식을 주옵시고, 우리가 우리에게 죄 지은 자를 사하여 준 것같이 우리의 죄를 사하여 주옵시고, 우리를 시험에 들게 하지 마옵시고, 다만 악에서 구하옵소서. 대개 나라와 권세와 영광이 하나님께 영원히 있사옵나이다. 아멘."

이어서 통성으로 같이 잠깐 기도하실 적에,
1. 하나님께서 자녀 삼아 주심께 감사드리시고
2. 우리의 부족한 점, 잘못된 것 주님께 회개하신 다음
3. 우리들이 알고 있는 중보기도의 제목들,
    – 조국에 올바른 지도자를 세워주실 것과
    – 목회자와 그 가정을 위하여 기도하시고
      어려운 문제에 봉착한 성도들을 위하여
4. 이어서 개인의 문제, 가족의 문제에 대하여, 애굽땅에서 노예 생활로 짓눌렸던 이스라엘 민족이 울부짖었을 때 눈을 들어 귀를 기울이신, 하나님께 간절히 기도드리시기 바랍니다.
5. 그리고 오늘 나가실 때 중보기도 요청서에 중보기도 제목을 적어주시기 바랍니다.

목청껏 주여 3번 외치신 후 기도하겠습니다.
"주여! 주여! 주여!"

D·A·Y·7

— 성령 체험 9일 특별새벽기도회 —

07

시련과 극복

▶ 찬송가 : 305장 〈사철에 봄바람 불어 잇고〉
▶ 말씀 : 베드로전서 1:6~9

6 그러므로 너희가 이제 여러 가지 시험으로 인하여 잠깐 근심하게 되지 않을 수 없었으나 오히려 크게 기뻐하도다
7 너희 믿음의 시련이 불로 연단하여도 없어질 금보다 더 귀하여 예수 그리스도의 나타나실 때에 칭찬과 영광과 존귀를 얻게 하려 함이라
8 예수를 너희가 보지 못하였으나 사랑하는 도다 이제도 보지 못하나 믿고 말할 수 없는 영광스러운 즐거움으로 기뻐하니
9 믿음의 결국 곧 영혼의 구원을 받음이라

07

D·A·Y·07

시련과 극복

묵도하심으로 40일 특별새벽기도회 일곱 번째 예배를 시작하겠습니다.

"마른 떡 한 조각만 있고도 화목하는 것이 육선이 가득하고 다투는 것보다 나으니라"(잠 17:1).

하나님 아버지. 오늘도 특별한 새벽을 허락하여 주시니 감사합니다.

어제는 하나님. 아버지께서 특별히 예수님을 이 땅에 보내시고 예수님을 믿음으로 영접한 저희를 하나님의 자녀로 삼아주시며 저희에게 이 땅에 살면서 하나님의 자녀로서 하나님을 경외하고 하나님을 알아 가는 데 힘써야 한다는 말씀으로 은혜를 나누었습니다.

오늘도 하나님의 말씀으로 은혜를 같이 나눌 터인데 성령이여 임하시어 말씀을 전하는 자나 듣는 자가 모두 은혜로운 시간이 되게 하시옵소서. 예수님의 이름 받들어 기도드렸사옵나이다.

오늘의 말씀은 베드로전서 1장 6~9절 말씀입니다.

"그러므로 너희가 이제 여러 가지 시험으로 인하여 잠깐 근심하게 되지 않을 수 없었으나 오히려 크게 기뻐하도다. 너희 믿음의 시련이 불로 연단하여도 없어질 금보다 더 귀하여 예수 그리스도의 나타나실 때에 칭찬과 영광과 존귀를 얻게 하려 함이라. 예수를 너희가 보지 못하였으나 사랑하는 도다. 이제도 보지 못하나 믿고 말할 수 없는 영광스러운 즐거움으로 기뻐하니 믿음의 결국 곧 영혼의 구원을 받음이라."

어제 말씀으로 우리 크리스천들은 하나님으로 말미암아 난자로서 믿음 안에 있는 참 아들로서 즉, 예수님을 믿는 참 아들로서 이 세상에 복음을 전파하는 의무를 지고 있음을 성경을 통하여 알았습니다. 그런데 이 세상에 복음을 전파하는 믿음의 삶이란 평탄하지만은 않다는 것을 저희는 체험을 통하여 잘 알고 있습니다.

오늘 본문 말씀 6절에 "그러므로 너희가 이제 여러 가지 시험으로 인하여 잠깐 근심하게 되지 않을 수 없었으나 오히려 크게 기뻐하도다"라고, 여러 가지 시험을 받고 그 시험들로 인하여 슬플 정도로 근심하게 되는데 잠깐 하게 된다고 되어 있습니다. 이렇게 시험은 여러 가지나 근심은 잠깐이고 또한 오히려 크게 기뻐한다고 쓰여 있습니다. 그렇게 기뻐하게 되는 이유는 바로 다음 7절에 구체적으로 설명되어 있습니다.

"너희 믿음의 시련이 불로 연단하여도 없어질 금보다 더 귀하여 예수 그리스도의 나타나실 때에 칭찬과 영광과 존귀를 얻게 하려 함이라"(벧전 1:7).

즉, 이런 시련은 불로 연단하는 것과 같은 혹독한 것일 수도 있는데 이 시련이 이 세상의 어떤 것보다 귀하다는 것을 비유적으로 말씀하고 계십니다. 왜 귀하냐 하면 그 시련을 이겨내면 즉 극복해 내면 예수 그리스도로부터 칭찬과 영광과 존귀를 받게 되기 때문이라고 성경은 말씀하고 계십니다. 그리고 이런 시련을 겪으며 지켜낸 믿음은 결국 영혼의 구원을 받게 된다고 성경은 설명해 주고 있습니다.

영어 성경을 보니 그 뜻을 조금 더 구체적으로 알 수 있습니다.

"for you are receiving the goal of your faith, the salvation of your soul"(벧전 1:9).

즉 믿음 생활로 인하여 연단을 받게 되나 극복하고 나면 말할 수 없는 영광스러운 즐거움으로 기뻐하게 되는데 그 이유는 우리의 믿음의 goal(최종 목표)인 영혼 구원을 얻게 되기 때문이라는 것입니다.

저희가 현실적으로 겪는 시련 중 하나는 현실과 종교 생활 간의 균형이 아닌가 생각합니다. 현실적으로 저희는 하나님께서 처음으로 저희를 지으신 후 복을 주시며 말씀하신 대로 "생육하고 번성해야" 하는 것입니다.

생육하고 번성하려면 옛날 농사짓던 시절에는 밭에 나가 열심히 작물 재배를 해야 했고, 지금은 각자가 하는 일들이 농사일을 대신하고 있다고 생각합니다. 즉 생육하고 번성하기 위하여 현업에도 충실해야 하고, 하나님의 사업에도 열심을 내야 하는 현실 앞에서 지쳐 버리는 저희를 발견할 때는 없나요?

현실과 종교생활 간의 균형은 '자기 관리의 균형'이라고 이야기할 수 있겠습니다. 자기 관리의 균형에 대한 한 예를 읽어 드리겠습니다.

1989년 12월 시카고 윌로우크릭 교회 담임목사 빌 하이벨스(Bill Hybells)에게 바로 이 리더십의 탈진 위기가 덮쳐 왔습니다.

그는 70년대 초 청소년 사역을 시작으로 75년에 윌로우크릭 교회를 개척한 뒤 십여 년 만에 미국에서 가장 큰 교회로 키웠으며 전 세계의 목회자들에게 새로운 패러다임의 목회를 제시하는 승승장구의 길을 달려왔습니다. 그러나 1989년 12월 어느 주일 아침, 설교 준비를 하고 있던 그에게 원인을 알 수 없는 피로감과 허탈감이 몰려와서 평생 처음으로 책상에 엎드려 울어 버리고 맙니다.

원인을 알 수 없는 탈진 상태, 그해 이 교회는 2,400만 달러를 들여 교회를 신축하는 프로젝트로 산적한 일들과 설교사역이 산더미처럼 쌓여 있어 그의 체력과 시간을 빨아들이기 시작했습니다.

빌 하이벨스 목사님은 도저히 더 버틸 수가 없어 비명을 지르고 맙니다. 뭔가 근본적인 변화가 필요했습니다. 무엇 때문에 여기까지 왔는지를 알아내야 했습니다.

그 원인을 찾기 위하여 뼈를 깎는 기도와 묵상 끝에 도달한 결론은 인간의 삶을 통제하는 운전석에는 세 가지 계기판이 놓여 있는데, 하나는 육체적 계기판(Physical gadget), 또 하나는 영적 계기판(Spiritual gadget), 그리고 마지막은 감정적 계기판(Emotional gadget)이라는 생각에 이르게 되었습니다. 이 세 계기판 중에서 이 목사님은 감정적 계기판에 문제가 있었던 것입니다.

즉, 자기가 좋아하는 일을 하며 신나고 재미있는 시간을 갖는 것이 결여되어 있었던 것입니다.

그래서 그는 어릴 때부터 좋아했던 중고 보트 타기를 취미 생활로 즐기며, 또 정기적으로 허심탄회하게 이야기할 수 있는 친구들을 만나기 시작했습니다.

그 이후 이 목사님은 이 고비를 넘기고 더 부흥하는 교회로 성장

시키는 계기가 되었다고 합니다.

여러분의 계기판은 현재 어떻습니까?
교회 생활과 현업이 모두 재미있고 신명 납니까?
만일 그렇지 않다면 한 번쯤 위에서 이야기한 건강에 대한 계기판, 신앙생활에 대한 계기판, 감정의 계기판이 모두 균형을 잘 이루고 있는지 점검해 보시기 바랍니다.
또한, 사도 바울은 디모데에게 보내는 서신에서 바른 교회의 지도자가 되기 위한 자기관리에 대한 조언을 하고 있습니다.

"자기 집을 잘 다스려 자녀들로 모든 단정함으로 복종케 하는 자라야 할지며 사람이 자기 집을 다스릴 줄 알지 못하면 어찌 하나님의 교회를 돌아보리요"(딤전 3:4-5).

즉, 네 자신을 먼저 잘 살피고 나서 주위 사람을 살피는 사람이라야 교회의 일꾼으로 적합하다는 말입니다.
이렇게 신앙생활과 가정생활 그리고 사회생활이 균형을 잘 이룰 때, 그럴 때 만이 주위 사람들에게 환한 미소와 여유를 가지고 진정으로 그리스도의 참 사랑을 전할 수 있지 않을까요?
오늘 이 말씀이 여러분과 저 자신의 자기관리를 돌아보게 하고 하나님 앞에 합당한 일꾼으로 변화시켜 주시길 간절히 축원 드립니다.

기도 드리시겠습니다.

"하나님. 오늘 내려주신 말씀처럼 저희들 주님의 자녀로 주님의 복음을 전하는 자로서 우선 우리들을 돌아보게 하시옵소서. 성령님께서 영적으로 육체적으로 강건하게 하시고 저희들의 감정적인 부분도 채워주시옵소서. 자기 관리의 균형을 이루도록 성령이여 역사하시옵고 인도하여 주시옵소서.이 모든 말씀 우리를 죄에서 구속하신 예수님 이름으로 기도드렸사옵나이다. 아멘"

주기도문으로 예배를 마치겠습니다.
"하늘에 계신 우리 아버지여 이름이 거룩히 여김을 받으시오며 나라에 임하시며 뜻이 하늘에서 이룬 것같이 땅에서도 이루어지이다. 오늘날 우리에게 일용할 양식을 주옵시고, 우리가 우리에게 죄 지은 자를 사하여 준 것같이 우리의 죄를 사하여 주옵시고, 우리를 시험에 들게 하지 마옵시고, 다만 악에서 구하옵소서. 대개 나라와 권세와 영광이 하나님께 영원히 있사옵나이다. 아멘."

D·A·Y·8

— 성령 체험 9일 특별새벽기도회 —

08

거짓 선지자에 미혹되지 말라

▶ 찬송가 : 384장 〈내 주는 강한 성이요〉
▶ 말씀 : 디모데전서 4:6~8

6 네가 이것으로 형제를 깨우치면 그리스도 예수의 선한 일군이 되어 믿음의 말씀과 네가 좋은 선한 교훈으로 양육을 받으리라
7 망령되고 허탄한 신화를 버리고 오직 경건에 이르기를 연습하라
8 육체의 연습은 약간의 유익이 있으나 경건은 범사에 유익하니 금생과 내생에 약속이 있느니라

DAY·08 거짓 선지자에 미혹되지 말라

묵도하심으로 40일 특별새벽기도회 8일째 예배를 시작하겠습니다.

"기도하여 이르되 여호와여 원하건대 그의 눈을 열어서 보게 하옵소서 하니 여호와께서 그 청년의 눈을 여시매 그가 보니 불말과 불병거가 산에 가득하여 엘리사를 둘렀더라"(왕하 6:17).

하나님 아버지. 어제도 저희에게 귀한 말씀으로 저희가 하나님의 자녀로 생육하고 번성해야 하는 데 필요한 자기 관리에 대하여 은혜를 나누게 해 주시어 감사드립니다.

오늘도 특별한 아침을 열어 저희로 호흡하게 하시고 찬양하게 하시며 기도하게 하시니 또한 무한 감사를 드립니다.

저희의 죄와 허물은 예수그리스도의 핏값으로 덮어주시옵고 저희가 드리는 예배를 받아 주시옵소서.

또한 오늘도 성령님의 인도하심 따라 하나님의 말씀을 증거할 때 화영검을 두리시사 악한 마귀 일절 틈타지 못하도록 지켜 주시옵고, 은혜 충만한 시간이 되도록 역사하여 주시옵소서.

모든 말씀 우리를 죄에서 구속하신 예수님 이름으로 기도드렸사옵나이다. 아멘.

오늘의 말씀은 디모데전서 4장 6~8절 말씀입니다.

"네가 이것으로 형제를 깨우치면 그리스도 예수의 선한 일꾼이 되어 믿음의 말씀과 네가 좋은 선한 교훈으로 양육을 받으리라. 망령되고 허탄한 신화를 버리고 오직 경건에 이르기를 연습하라. 육체의 연습은 약간의 유익이 있으나 경건은 범사에 유익하니 금생과 내생에 약속이 있느니라."

"If you point these things out to the brothers, you will be a good minister of Christ Jesus brought up in the truths of the faith and of the good teaching that you have followed. Have nothing to do with godless myths and old wives tales; rather, train yourself to be godly. For physical training is of some value, but godliness has value for all things, holding promise for both the present life and the life to come."

※ Godliness : 하나님을 좇는 것, 따라가는 것

오늘은 저희가 40일 특별새벽기도회를 시작한 지 8일째 되는 날입니다. 8일째는 성경적으로 보면 새로운 시작이라는 의미가 있습니다.

제6일까지 여호와께서 세상을 만드시고 제7일에는 안식하셨는데 그날까지의 7일을 완성의 기간으로 계수하고 계심을 성경 곳곳에서 찾아볼 수 있고 제8일을 새로운 시작이라는 의미로 매우 특별한 날로 보고 있음을 알 수 있습니다.

"이와 같이 칠 일 동안 제단을 위하여 속죄제를 드려 정결케 하며 봉헌할 것이요. 이 모든 날이 찬 후 제팔일과 그다음에는 제사장이 제단 위에서 너희 번제와 감사제를 드릴 것이라. 그리하면 내가 너희를 즐겁게 받으리라 주 여호와의 말씀이니라"(겔 43:26-27).

이 말씀은 하나님께서 7일 동안 지은 죄를 없애기 위한 속죄제를 드려 성전을 정결케 하고 제8일은 여호와께 감사의 제사를 지내면 받으신다는 내용입니다.

이렇게 하나님께서는 7일은 공통적으로 완성의 날로, 그리고 8일은 다음 단계로 넘어가는 날로 사용하고 계시며 역사하시는 기간

을 공통적으로 쓰고 있는 듯합니다.

"첫째 달 초하루에 성결하게 하기를 시작하여 그달 초팔일에 여호와의 낭실에 이르고 또 팔 일 동안 여호와의 전을 성결하게 하여 첫째 달 십육 일에 이르러 마치고"(대하 29:17).

"나는 팔일 만에 할례를 받고 이스라엘 족속이요 베냐민 지파요 히브리인 중의 히브리인이요 율법으로는 바리새인이요"(빌 3:5).

그런 의미에서 오늘은 40일 특별새벽기도회 날 중 둘도 없는 매우 특별한 날임이 틀림없습니다.
어제까지 저희가 주님의 전을 준비하며 의심을 다 버리고 주 예수를 영접하여 예수그리스도의 보혈로 모든 죄에 대하여 속죄되어 저희 몸과 영혼을 성결케 하였다면 오늘이야말로 주님께서 우리의 예배와 간구를 기뻐 받으시는 날인 것입니다.
즉, 하나님께 최선을 다해 깨끗해진 우리의 모습으로 감사드리면 하나님께서 기뻐 받으시는 길일인 것으로 성경은 말해 주고 있는 것입니다.
오늘 본문에 보니 우리가 하나님의 율례를 형제들에게 지적하고 시정하도록 가르치면 우리가 배운 하나님의 믿음의 말씀과 선한 교훈이 또한 우리를 양육해 주실 것이라 말씀하고 있습니다.

다시 말하면 저희가 알고 있는 모든 하나님의 말씀들은 저희가 세상에 전파할 적에 비로써 저희에게 그 좋은 말씀들이 우리에게 영양제와 같이 우리를 양육하게 된다는 말씀인 것입니다.

저희가 알고 있는 천국 시민으로의 우리 정체성, 그리고 오직 주 예수님을 영접함으로써 주님의 자녀, 천국의 가족이 될 수 있는 특권, 그리고 주님의 자녀 된 자로 세상을 살 때 하나님을 두려워하고, 거룩하게 살며 하나님께서 원하시는바 영혼 구원에 힘쓰며 살아야 한다는 진리의 말씀을 전파할 적에 본문 말씀처럼 주님의 믿음의 말씀과 선지자나 기타 선택받은 자들을 통하여 성경에 기록한 많은 선한 교훈들이 우리를 키워 주게 된다는 것입니다.

우리가 알고 있는 하나님을 가두어 두지 마시고 세상에 외쳐야 한다는 것입니다. 세례 요한이 울부짖는 목소리로 "천국이 가까웠다"라고 안타까워 절절히 외쳤던 것처럼 우리도 죽어가는 영혼들에게 적당히가 아니라 듣는 이가 자극을 받아 시선을 돌리고 귀가 쫑긋해지도록 최선을 다하여 우리의 영혼이 실린 목소리로 주님의 복음을 소리쳐 알려야 하는 것입니다.

그렇습니다. "Cried, Saying!" 톤을 높여 복음을 전파합시다.

이어 7절에 보니, "망령되고 허탄한 신화를 버리고 오직 경건에 이르기를 연습하라"(딤전 4:7)라고 되어 있습니다. 이 말은 무슨 말입니까? 세상에 우리를 유혹하는 많은 거짓 종교단체와 수많은 이

단, 그리고 하나님께서 경고하시는 거짓말하는 자들, 즉,

"그러나 성령이 밝히 말씀하시기를 후일에 어떤 사람들이 **믿음에서 떠나 미혹케 하는 영과 귀신의 가르침을 좇으리라** 하셨으니" (The Spirit clearly says that in later times some will abandon the faith and follow deceiving spirits and things taught by demons)(딤전 4:1).
"자기 양심이 화인 맞아서 외식함으로 거짓말하는 자들이라"(딤전 4:2).

라고 묘사되어 있습니다.

이렇듯 믿는 자 가운데에서도 믿음을 떠나 미혹하는 영과 귀신의 가르침을 좇아가는 사람들이 생겨나는데 이들이 바로 이단으로 우리 주변에 있는 것입니다. 이러한 이단들은 교회 밖에서 우리들을 기다립니다. 감히 교회에서 하나님의 성령에 대적할 수는 없으니 교회 밖에서 우리를 공격하는 것입니다.

『크리스챤 리뷰』에도 짧게 소개된 이단 단체 일명 '구원론파'로 '신천지예수교증거장막교단'이라는 이단 단체가 한국에서는 극성을 부리고 있다고 한국의 잘 아시는 목사님을 통하여 들었습니다.

이 단체의 소속된 사람들은 교회에 위장 등록을 하여 들어갑니다. 그리고 꺼내는 말이 "구원 언제 받았느냐?", "확실히 언제 어떻

게 받았느냐?"라고 캐물은 다음 대답을 주저하면 바로 성경 공부를 하자고 부추깁니다. 물론 교회 밖에서 하자고 합니다.

그리고 "성경은 성경으로 풀어야 합니다. 성경은 비유로 해석해야 합니다. 말씀에는 짝이 있고, 공식이 있습니다."라는 말로 그럴듯하게 일반 성도들을 압도해 나갑니다.

이런 말을 꺼내는 사람이 혹시 주변에 있거든 바로 하나님께 신고하세요. 내 안에 있는 성령님에게 지원을 부탁해야 합니다. 기도하고 그들과 가까이하지 말아야 합니다.

왜냐하면 이들은 성경에서 말씀하신 것처럼, 자기 양심이 화인 맞아서 외식함으로 거짓말하는 자들이기 때문입니다.

영어 성경에 보니 "Such teachings come through hypocritical liars, whose consciences have been seared as with a hot iron"라고 되어 있더군요.

이 말의 뜻은 뜨거운 쇠로 지진 것 같이 이들의 양심은 메마르고 굳어 있다는 것입니다. 방목하는 소나 말에게는 소유한 농장을 표시하기 위하여 달군 쇠 도장으로 엉덩이에 도장을 찍습니다. 그 도장은 벌겋게 불에 달구어 찍기 때문에 그 도장이 찍힌 자국은 시커멓게 타고 바짝 오그라붙어서 다시는 회복하기에 불가능해 보입니다.

바로 이러한 불도장이 찍힌 자국처럼 거짓된 위장된 위선된 거짓 가르침은 불도장이 찍힌 자국처럼 양심이 시커멓게 타고 그 양심은 오그라붙어 양심의 생명력을 잃은 사람들을 통하여 나온다고 성경은 증거하고 있는 것입니다.

　예수님도 이러한 외식하는 자에 대하여 언급하신 것을 잘 아실 것입니다.

"그러므로 구제할 때에 외식하는 자가 사람에게 영광을 얻으려고 회당과 거리에서 하는 것같이 너희 앞에 나팔을 불지 말라. 진실로 너희에게 이르노니 저희는 자기 상을 이미 받았느니라. …또 너희가 기도할 때에 외식하는 자와 같이 되지 말라. 저희는 사람에게 보이려고 회당과 큰 거리 어귀에 서서 기도하기를 좋아하느니라. 내가 진실로 이르노니 저희는 자기 상을 이미 받았느니라" (마 6:2,5).

"남은 유대인들도 그와 같이 외식하므로 바나바도 그들의 외식에 유혹되었느니라" (갈 2:13).

"엄히 때리고 외식하는 자가 받는 벌에 처하리니 거기서 슬피 울며 이를 갈리라" (마 24:51).

"화 있을진저 외식하는 서기관들과 바리새인들이여 회칠한 무덤 같으니 겉으로는 아름답게 보이나 그 안에는 죽은 사람의 뼈와 모든 더러운 것이 가득하도다" (마 23:27).

즉, 거짓된 위선된 말씀은 외식하는 자들로부터 나온다고 하니 바로 외식하는 자를 알아낸다면 그 입을 통하여 나오는 거짓에 속지 않게 될 것입니다.

어떤 자들이 외식하는 자인가요?

성령이 주신 능으로 행하는 것을 자기의 능력으로 자랑하는 자들입니다. 기사와 이적을 행함으로 기뻐하는 자들입니다.

성경은 말씀하고 계십니다.

"그러나 귀신이 너희에게 항복하는 것으로 기뻐하지 말고 너희 이름이 하늘에 기록된 것으로 기뻐하라" (눅 10:20).

그렇습니다. 능력을 행하는 것은 성령이기 때문에 그 능력을 행하는 사람을 보지 말라는 이야기입니다. 사람에게 주어진 능력, 은사에 기뻐하지 말아야 합니다. 왜냐하면 그것은 성령께서 역사하는 것이기 때문입니다.

그렇지만 우리들의 이름이 하늘에 기록된다면 그것으로 기뻐하라는 말씀입니다. 즉, 구원이 궁극적인 우리의 최종 목표이므로 어떻게 행해야 할지에 대하여 성경은 누가복음 10장 27절에서 이렇게 말씀하고 있습니다.

"대답하여 가로되 네 마음을 다하며 목숨을 다하며 힘을 다하며 뜻

을 다하여 주 너의 하나님을 사랑하고 또한 네 이웃을 네 몸과 같이 사랑하라 (하였나이다)."

그렇습니다. 기사와 이적에 너무 미혹되지 말아야 합니다. 예수님께서 맹인을 고치실 때 그 맹인이 맹인 됨은 이 사람이나 부모가 죄를 범한 것이 아니라 그에게서 하나님의 하시는 일을 나타내고자 하심이니라(요한 9:3) 라고 말씀하시고 계시며, 또한 죽은 나사로를 살리실 때도 이 병은 죽을병이 아니라 하나님의 영광을 위함이요 하나님의 아들로 이를 인하여 영광을 얻게 하려 함이라(요한 11:4) 라고 말씀하셨습니다.

이 말은 이미 그러한 병이나 죽음에 대한 기적을 행함은 하나님께서 섭리하에 준비된 것이지 그 병이 임의로 생기고 임의로 생긴 병을 고쳐 내 능력을 보이려 함이 아니라는 말입니다.

즉, 하나님이 하시는 일, 하나님께서 영광을 받으시기 위하여 준비한 시나리오라는 것입니다.

그러니 무슨 말입니까? 기적은 가는 곳마다 있는 것이 아니요. 오직 하나님의 영광을 보여야 할 때만 하나님께서 기도를 들어주시어 일어난 것입니다. 이런 기적은 성령의 도우심 없이 일어날 수 없으며, 또한 임의로 일어날 수도 없다는 말이 됩니다.

그러므로 우리는 이적이나 기사에 너무 미혹되지 말고, 오직 성령님의 능력을 인정하고 우리의 믿음을 지켜 성경 말씀처럼 네 마음을 다하며 목숨을 다하며 힘을 다하며 뜻을 다하여 주 하나님을 사랑하고 또한 우리 이웃을 우리 몸과 같이 사랑해서 우리 이름이 천국에 기록되도록 힘써야 하겠습니다.

하나님께서는 마지막 때에 거짓 그리스도, 거짓 선지자들을 또한 경계하라고 경고하시고 계십니다.

"거짓 선지자가 많이 일어나 많은 사람을 미혹하게 하겠으며 불법이 성하므로 많은 사람의 사랑이 식어지리라(Because of the increase of wickedness, the love of most will grow cold). 그러나 끝까지 견디는 자는 구원을 얻으리라. 이 천국 복음이 모든 민족에게 증거되기 위하여 온 세상에 전파하리니 그제야 끝이 오리라"(마 24:11-14).

또한, 세상 끝날, 큰 환란 때에는 미혹되지 말고 말씀합니다.

"거짓 그리스도들과 거짓 선지자들이 일어나 큰 표적과 기사를 보이어 할 수만 있으면 택하신 자들도 미혹하게 하리라"(마 24:24).

이처럼 마지막 때에 더욱 거짓 선지자들과 거짓 그리스도가 나타나 우리 택함을 받은 자까지도 미혹한다고 예수님께서는 저희에게 미리 알려주고 계신 것입니다.

교우 여러분.
저희 믿음 생활을 점검해 봅시다. 이단은 알기 쉽게 구별됩니다. 단체로 눈에 잘 띄게 되어 있고, 많은 선한 그리스도의 종들이 구별해 낼 것입니다.
그러나 사람은 구별하기 힘듭니다. 거짓 선지자, 거짓 그리스도는 구별하기 힘듭니다.

"예수께서 대답하여 가라사대 너희가 사람의 미혹을 받지 않도록 주의하라"(마 24:4).

어떻게 해야 할까요?
내 힘으로는 안 됩니다. 거짓을 구별해 내기도 힘듭니다. 그러므로 이러한 미혹에 빠지지 않도록 항상 성령 충만하도록 간구하여야겠습니다. 오직 성령님의 도우심으로 보호받아야겠습니다. 성령님께서 항상 내 마음속에 있는 성전에 찾아와 거하게 해 달라고 기도해야겠습니다.
우리 마음속에 있는 믿음의 전을 깨끗하게 하기 위하여 먼저 회개하고 깨끗한 믿음의 전에 성령님을 모셨을 때 세상을 미혹하는 이단들로부터 거짓 선지자들로부터 우리를 구하사 실족지 않게 하시고 하나님께서 주시는 평안과 축복이 교우들 마음속에 깃들게 될 것입니다.

오늘도 받은 이 말씀을 마음에 새기고 믿음의 방패로 세상의 이단과 거짓 능력자들을 능히 막아내는 성도님들이 되시기를 간절히 축원드립니다.

기도드리시겠습니다.

"하나님 아버지, 오늘 저희에게 내려 주신 말씀 감사드립니다. 하나님께서 저희를 이토록 사랑하시는데 저희는 세상에서 알고 또 모르고 짓는 죄가 많습니다.

하나님 아버지, 저희의 불충을 용서하시옵고 저희의 게으름도 예수님의 보혈의 능력을 빌어 회개하고 용서를 구하오니 저희 죄를 사하여 주시옵소서. 그러할 적에 간절히 빌고 원하옵기는 호시탐탐 저희들을 미혹하는 악영들로부터 저희들 보호하여 주시옵소서. 저희는 할 수 없습니다. 오직 성령이 내 안에 임할 때, 저희가 권능을 받아 예수의 이름으로 승리할 수 있음을 저희는 잘 알고 있사오니 성령이여 임하셔서 저희를 전신갑주로 감싸주시고 성령의 불병거를 타고 성령의 검을 휘두르며 영적 전쟁에서 승리하게 하시옵소서.

승리하여 구원을 얻고 천국에 우리의 이름이 쓰여지는 은총을 허락하시옵소서. 감사드리옵고, 오직 한 분 뿐인 우리의 중보자 예수 그리스도의 이름 받들어 기도드렸사옵나이다. 아멘."

주기도문으로 예배를 마치겠습니다.
"하늘에 계신 우리 아버지여 이름이 거룩히 여김을 받으시오며 나라에 임하시며 뜻이 하늘에서 이룬 것같이 땅에서도 이루어지이다. 오늘날 우리에게 일용할 양식을 주옵시고, 우리가 우리에게 죄 지은 자를 사하여 준 것같이 우리의 죄를 사하여 주옵시고, 우리를 시험에 들게 하지 마옵시고, 다만 악에서 구하옵소서. 대개 나라와 권세와 영광이 하나님께 영원히 있사옵나이다. 아멘."

이어서 기도드리실 적에 중보기도를 드린 후, 각자 개인 기도를 계속하겠습니다.
중보기도 제목은,
1. 조국 대한민국에 하나님을 경외하는 지도자를 세워주실 것과
2. 목회자와 그 가정을 위하여 기도하시고
3. 개인적인 문제들을 놓고 간절히 기도하시기 바랍니다.

> "진실로 너희에게 이르노니 저희는 자기 상을 이미 받았느니라. …또 너희가 기도할 때에 외식하는 자와 같이 되지 말라. 저희는 사람에게 보이려고 회당과 큰 거리 어귀에 서서 기도하기를 좋아하느니라. 내가 진실로 이르노니 저희는 자기 상을 이미 받았느니라"(마 6:2,5).

D·A·Y·9

— 성령 체험 9일 특별새벽기도회 —

09

영적 승리의 소망

▶ 찬송가 : 233장 〈황무지가 장미꽃 같이〉
▶ 말씀 : 이사야 35:1~4

1 광야에 메마른 땅이 기뻐하며 사막이 백합화같이 피어 즐거워하며
2 무성하게 피어 기쁜 노래로 즐거워하며 레바논의 영광과 갈멜과 사론의 아름다움을 얻을 것이라 그것들이 여호와의 영광 곧 우리 하나님의 아름다움을 보리로다
3 너희는 약한 손을 강하게 하여 주며 떨리는 무릎을 굳게 하여 주며
4 겁내는 자에게 이르기를 너는 굳세게 하라 두려워 말라 보라 너희 하나님이 오사 보수하시며 보복하여 주실 것이라 그가 오사 너희를 구하시리라 하라

09　D·A·Y·09
영적 승리의 소망

묵도하심으로 40일 특별새벽기도회 9일째를 시작하겠습니다.

"거기 대로가 있어 그 길을 거룩한 길이라 일컫는 바 되리니 깨끗지 못한 자는 지나지 못하겠고 오직 구속함을 입은 자들을 위하여 있게 된 것이라"(사 35:8.)

하나님 감사합니다.
어제는 40일 새벽기도회 제8일로 특별한 하루로 축복하여 주셔서 감사합니다. 하나님의 선한 일꾼 되게 하시고 하나님의 말씀은 세세토록 변하지 않는다는 복음을 듣고 세상에 나서게 하시니 또한 무한 감사를 드리나이다.

오늘은 이제 저희가 40일 새벽기도를 작정하고 시작한 9일째 되는 날입니다. 저희가 시작할 때는 목자 잃은 양처럼 갈 곳을 몰라 했으나 성령의 도우심으로 비바람과 홍수에도 흔들리지 않을 믿음의 전을 짓기 위한 튼튼한 반석을 준비하도록 영감을 주시니 또한 감사드립니다.

오늘도 성령이여 같이 하시어 말씀 속에서 하나님을 만나고 묵상할 적에 생명 되신 하나님의 은혜가 여기 모인 우리 위에 촉촉이 내리도록 도와주시옵소서.

그리하여 우리 마음 밭에 뿌려진 말씀의 씨앗들이 싹을 틔우고 가지가 자라서 풍성한 성령의 열매를 맺도록 도와주시옵소서. 성령이여 우리의 전에 거하시옵소서.

감사드리옵고 우리를 죄에서 구속하신 예수님 이름 받들어 기도드렸사옵나이다. 아멘.

오늘의 성경 말씀은 이사야 35장 1~4절 말씀입니다.

"광야에 메마른 땅이 기뻐하며 사막이 백합화같이 피어 즐거워하며 무성하게 피어 기쁜 노래로 즐거워하며 레바논의 영광과 갈멜과 사론의 아름다움을 얻을 것이라. 그것들이 여호와의 영광 곧 우리 하나님의 아름다움을 보리로다. 너희는 약한 손을 강하게 하여 주며 떨리는 무릎을 굳게 하여 주며 겁내는 자에게 이르기를 너는 굳세게 하라. 두려워 말라. 보라. 너희 하나님이 오사 보수하시며 보복하여 주실 것이라. 그가 오사 너희를 구하시리라 하라."

오늘로 저희의 40일 특별새벽기도회는 9일째를 맞고 있으며 제가 맡은 새벽기도회 인도는 오늘이 마지막 날입니다. 저는 이 새벽기도회의 인도와 순서를 성령님께서 역사하셨다는 것을 확신하고 있습니다.

저희는 지난 8일 동안 성령님의 가르치심을 따라,
첫째 날은 '반석 위에 믿음의 전을 짓자' 라는 제목으로 이 새벽기도회를 통하여 지어나갈 우리의 믿음의 전을 잘 짓기 위해서는 튼튼한 기초를 준비해야 한다는 내용이었습니다.
둘째 날은 '이스라엘의 기도를 들으신 하나님' 이라는 제목으로 애굽에서 억압받던 이스라엘 민족의 기도를 들으신 하나님께서는 우리가 울부짖는 목소리로 합당한 이유를 제시하며 우리를 환난에서 구해달라고 할 때 들어주신다는 내용이었고요,
셋째 날은 '가라! 내가 너를 보내노라' 라는 제목으로 천국 시민으로 이 세상에 천국의 순례자로 온 우리의 자세에 대한 말씀을 증거하였습니다.
넷째 날은 '하나님은 어떤 분이신가?' 라는 제목으로 하나님은 스스로 있는 분이며, 인류 역사를 통틀어 과학과 철학의 한계성으로

드러난 모순으로 비추어 본 하나님의 능력과 진리에 대하여 알아보았습니다.

다섯째 날에는 '봉사와 섬김'이라는 제목으로 하나님의 자녀로서 예수님의 제자로서 필수인 봉사와 섬김에 대하여 성경에 나타난 말씀으로 알아본 내용과 한 예로 어느 교회의 차량 봉사 이야기를 들어 보았습니다.

여섯째 날에는 '하나님과 우리의 중보되시는 예수님'이라는 제목으로 하나님이 보시는 우리의 정체성과 예수님이 중보되심으로 구원받은 우리의 의무에 대한 말씀을 나누었습니다.

그리고 일곱째 날에는 '시련과 극복' 주님의 자녀로 예수님의 제자로 겪는 시련과 극복 즉, 신앙 건강 그리고 감정의 균형으로 더 성숙한 신앙생활을 하자는 말씀을 드렸습니다.

어제 여덟째 날에는 '거짓 선지자에 미혹되지 말라'라는 제목으로 우리가 성결케 되고, 구원받는 것에 대한 방해 세력과 외식하는 거짓 선지자들을 조심하고, 오직 하나님을 알아 나가는데 더 힘쓰고 그렇게 알게 된 복음을 전파할 때 이 세상과 내생에서 축복을 약속받고 구원에 이를 수 있다는 말씀이었습니다.

이와 같이 나름대로 우리 크리스천으로서 겸비해야 할 하나님에 대한 이해, 갖추어야 할 덕목과 의무, 시련과 극복, 시련 후에 하나님으로부터 받게 될 칭찬과 영광과 존귀, 그리고 믿음의 결국, 우리의 최종 목표인 영혼 구원에 이르기까지 말씀에 은혜 받으며 지난 8일을 숨 가쁘게 달려왔습니다.

오늘 말씀의 제목은 '영적 승리의 소망' 입니다.

"여러 계시를 받은 것이 지극히 크므로 너무 자만 하지 않게 하시려고 내 육체에 가시 곧 사탄의 사자를 주셨으니 이는 나를 쳐서 너무 자만하지 않게 하려 하심이라. 이것이 내게서 떠나가게 하기 위하여 내가 세 번 주께 간구하였더니 나에게 이르시기를 내 은혜가 네게 족하도다. 이는 내 능력이 약한 데서 온전하여 짐이라 하신지라"(고전 12:7-9).

저는 어려운 시련이 닥치면 이 성경 말씀을 떠올리곤 위안을 받습니다. 본문 7절에 내 육체의 가시는 우리들 각자가 가진, 약점이고 고치기 힘든 결점을 표현하고 있습니다. 그리고 이어서 이 육체의 가시를 사탄의 사자라고 기술하고 있습니다. 이 가시가 우리를 많이 괴롭게 하고 하나님께로 다가가는 것을 방해하고 있기 때문일 것입니다.

누구나 할 것 없이 남에게 드러내 보이기 싫은 나의 결점, 나의 약점 즉, 육체의 가시가 있을 것입니다. 우리는 너나 할 것 없이 의인은 아니기 때문입니다.

예수 그리스도를 표현할 때 "흠 없고 죄 없는"이라는 수식어가 붙습니다. 단 두 단어이지만 우리 인간에게는 어울리지 않는 말인 것입니다.

그러나 이런 우리 몸에 가시만을 바라본다면 나는 불행한 사람일 것입니다. 그러나 다행히도 하나님께서는 우리에게 위안의 다음 말씀을 해 주십니다. "내가 준 은혜가 너에게 충분하다"라고 말입니다.

그렇습니다. 이제 자신을 바라보는 시각을 내 몸속의 가시를 보는 안쪽으로 향한 소극적 시각으로부터 내 밖에서 바라본 거시안적 또는 하나님의 시각으로 즉, 하나님께서 주신 은혜가 충분한 내 모습을 보는 시각으로 전환합시다.

내가 아는 나를 바라보지 말고, 하나님께서 보시는 나를 발견합시다. 또한 우리 가족을, 우리 이웃을 바라보는 시각도 180도 전환하여 안쪽을 향하여 결점을 약점을 검색하지 말고 밖에서 바라보시는 하나님의 시각에서 하나님께서 만족해하시는 부분을 찾아내어 그 부분을 우리 시각의 스크린에 꽉 차도록 클로즈업합시다.

이렇게 꽉 찬 화면에 결점은 보일 수 없습니다. 약점도 보일 수 없는 겁니다. 이렇게 은혜로 꽉 채운 화면만을 바라봅시다. 즉, 하나님께서 주신 은혜에 감사하고 그 은혜를 최대로 증폭하여 느끼며 삽시다. 내게 주신 은혜에 감사하고 가족 주신 은혜도 감사하고 앞으로 가족 주실 것에도 감사하고 가족들에 주신 은혜에도 감사하고 그 가족들에게 주신 은혜로 내 시야를 모두 가려서 다른 약점을 결점을 볼 수 없도록 만듭시다.

교회에서 만나는 교우들에게서도 하나님의 은혜를 발견하고 그 은혜에 감사하는 마음을 가집시다.

"모든 것을 너희를 위하여 하는 것은 은혜가 많은 사람의 감사함으로 말미암아 더하여 넘쳐서 하나님께 영광을 돌리게 하려 함이라" (All this is for your benefit, so that the grace that is reaching more and more people may cause thanksgiving to overflow to the glory of God)(고후 4:15).

이게 무슨 말입니까? 은혜가 점점 더 많은 사람에게 전달되면 그것이 감사함이 되고 넘쳐서 하나님의 영광을 드러내게 된다는 뜻입니다.

그렇습니다. 은혜를 발견합시다. 우리 가정에서도 교회에서도 은혜를 찾아서 그 은혜를 나누는 대화가 많아진다면 우리 가정에 우리 교회에 하나님의 영광을 드러내게 될 것입니다. 가정에서나 교회에서나 부정적인 시각 부정적인 말을 버리고 부정적인 말을 전파하지 말고, 내 주변에서 은혜를 찾아내는 사람, 은혜를 끼치는 말을 전파합시다.

그리하여서 나로 인하여 은혜가 생겨나고 은혜가 전파되어 하나님의 영광을 드러내는 저와 여러분이 되어 하나님이 영원 전부터 거룩한 선지자의 입을 의탁하여 말씀하신 대로 이 땅에 그리스도의 왕국이 회복되는 날에, 영혼 구원의 면류관을 받아 쓰고, 거룩한 길이라 일컬어질 Highway를 질주할 자격이 주어지는 영적 승리를 쟁취하는 저와 여러분이 되시기를 간절히 축원 드립니다.

기도드리시겠습니다.

"하나님 아버지시여.

여기 부족한 종의 작디작은 정성을 받아 주시옵소서. 오늘까지 9일간 성도님들과 나눈 하나님의 말씀으로 받은 은혜로 더욱 많은 사람에게 은혜를 전파하여 그 은혜가 흘러넘쳐서 결국에는 하나님의 영광을 드러내고자 하오니 우리의 정성을 받아 주시옵소서. 받은 은혜를 전파하게 하시옵고 우리 몸의 가시를 보는 시각에서 우리에게 주신 은혜 우리 가족에게 주신 은혜 성도님들에게 주신 은혜 교회에 주신 은혜를 찾아내게 하여 주시옵소서.

그리하여 우리 가정이 우리 교회가 그리스도의 왕국으로 회복되게 하여 주시옵고 하나님의 영광을 드러내시옵소서.

우리의 모습이 바람에 떨어져 뒹구는 낙엽 같게 하지 마시고 생명수 시냇가에 늘 푸른 나무 같게 하옵소서. 우리의 믿음이 물 위에 부유하는 나뭇잎 같게 하지 마시고, 성전을 떠받치는 커다란 바위가 되게 하옵소서. 우리의 소망이 떨어지는 해의 석양 같게 하지 마시고 어둠을 깨치며 떠오르는 태양과 같이 양양하게 하시옵소서.

〈주여 오시옵소서, 주의 성전을 성결케 하였나이다〉(소망-손창건)
이 모든 말씀 우리를 위하여 피 흘리신 흠 없고 죄 없는 예수그리스도의 이름 받들어 간절히 기도드렸사옵나이다. 아멘."

주기도문으로 예배를 마치겠습니다.
"하늘에 계신 우리 아버지여 이름이 거룩히 여김을 받으시오며 나라에 임하시며 뜻이 하늘에서 이룬 것같이 땅에서도 이루어지이다. 오늘날 우리에게 일용할 양식을 주옵시고, 우리가 우리에게 죄 지은 자를 사하여 준 것같이 우리의 죄를 사하여 주옵시고, 우리를 시험에 들게 하지 마옵시고, 다만 악에서 구하옵소서. 대개 나라와 권세와 영광이 하나님께 영원히 있사옵나이다. 아멘."

이어서 중보기도 드리실 적에,
1. 조국 대한민국에 하나님을 경외하는 지도자를 세워주실 것과
2. 목회자와 그 가정과 고난 중인 교우들을 위해
3. 그리고 마지막으로 개인적인 기도 제목을 가지고 간절히 기도하시기 바랍니다.
4. 앞으로도 중보기도가 필요한 제목들을 알려 주시면 같이 합심하여 중보기도를 하도록 하겠습니다.